Hardy Oelke

DAS VERMÄCHTNIS DES COLUMBUS

Können Iberiens Wildpferde unter Amerikas Mustangs überleben?

Kierdorf Verlag

Hardy Oelke

DAS VERMÄCHTNIS DES COLUMBUS

Können Iberiens Wildpferde unter Amerikas Mustangs überleben?

Kierdorf Verlag

Foto vorhergehende Seiten: Kiger Mustangs in ihrem Schutzgebiet in Südoregon

Grafische Gestaltung: Hardy Oelke
Alle Fotos, soweit nicht anders vermerkt, vom Verfasser

ISBN 3-89118-097-7

Herausgeber: Ute Kierdorf Verlag, Gut Dohrgaul
D - 51688 Wipperfürth, Tel. 02267-4495, Fax 02267-4458

1. Auflage 1997

INHALTSVERZEICHNIS

GELEITWORT

Mustangs! Es gibt wohl kaum jemanden, der mit diesem Begriff nicht wilde Herden herrlicher Pferde vor der Szenerie einer beeindruckenden Landschaft und den Hauch von Freiheit verbände, die Anmut kraftvoller Bewegungen und vielleicht auch eine Spur verklärender Romantik. Daß es aber ganz unterschiedliche Mustangs gibt, dürfte den wenigsten bekannt sein, und einige Mustangs stellen, wie Hardy Oelkes Buch den Lesern zeigen wird, etwas ganz Besonderes dar.

Kaum einem Tier kommt größere Bedeutung für die Entwicklung unserer Kultur zu als dem Pferd, und kaum ein Tier wurde höher gelobt. Und doch haben wir ihm großes Unrecht zugefügt: Wir haben das Pferd als ein Teil der Natur praktisch ausgerottet. Wir haben es durch Zucht nach unseren Vorstellungen verändert, und allzu oft nehmen wir ihm mehr von seiner Freiheit, als wir ahnen, weil wir keinen Bezug mehr zum Pferd als einem Wesen haben, das untrennbar mit seiner natürlichen Umgebung verbunden war. Viele spüren das, und viele verspüren daher in letzter Zeit eine innige Beziehung zu den ursprünglichen Pferden. Die Mustangs sind allerdings verwilderte Hauspferde.

Bis heute besteht keine Klarheit darüber, wie viele Pferdeformen es gab, bevor der Mensch sich ihrer annahm. Fast endlos sind die Diskussionen darüber, woher denn unsere Hauspferde stammen. Eine Ansicht besagt, daß sie nur eine einzige Wurzel haben - das Mongolische Wildpferd, allgemein als „Przewalski-Pferd“ bekannt. Andere Autoren sehen die Wiege in einer Vielfalt ursprünglicher Pferdeformen. Wie auch immer diese Diskussion enden mag - die Wildpferde waren es, die, an alle nur denkbaren Faktoren ihrer Umwelt hervorragend angepaßt, den Hauspferden ihre erblichen Grundlagen gegeben haben, und sie waren es, die die Zucht auf verschiedene Eigenschaften ermöglichten. Zugleich waren sie Träger mancher wertvoller Erbeigenschaften, die bei den Hauspferden mittlerweile verschwunden sind.

Wann immer in irgendeiner Region Reste einer ursprünglichen Pferdeform entdeckt werden, verdient das höchste Aufmerksamkeit, denn es kann in einer so schnellebigen Zeit wie der heutigen eine Frage nur weniger Jahre sein, daß Unwiederbringliches verlorengeht.

Von einem solchen Fall handelt das vorliegende Buch. Erst in Mitte des 20. Jahrhunderts wurde bekannt, daß Iberien eine eigene Pferdeform beherbergt haben dürfte - bekanntgeworden als Sorraia-Pferd. Bereits heute existiert es nur noch in wenigen Exemplaren. Hardy Oelke berichtet nun, daß sich viele Merkmale des Sorraia-Pferdes unter nordamerikanischen Mustangs erhalten haben. Mehr noch: Manche Mustangs gleichen den Sorraias!

Damit haben bestimmte Mustang-Herden eine außerordentliche Bedeutung, denn sie führen uns eine Facette des ursprünglichen Formenreichtums der europäischen Wildpferde vor Augen. Der in Europa verbliebene Rest an Sorraias ist zu klein, als daß man diese Entdeckung unbeachtet lassen dürfte. Und es besteht unmittelbarer Handlungsbedarf: Im Zuge der Bestrebungen, den Bestand an Mustangs zu kontrollieren, ist die Existenz der Sorraia Mustangs bedroht.

Daß dieser Aspekt aufgegriffen und so anschaulich behandelt wird, macht das Buch von Hardy Oelke zu einer der wichtigsten und besonders verantwortungsvollen Veröffentlichungen über Pferde, die in den letzten Jahren erschienen sind.

Man kann dem vorliegenden Buch daher nur wünschen, daß es weiteste Beachtung findet, und hoffen, daß Hardy Oelkes dringender Appell um Hilfe in weiten Kreisen Gehör und Anerkennung findet. Möge das Buch viele Menschen - und nicht nur die ausgesprochenen Pferdefreunde unter uns, dazu anregen, etwas für die Zukunft der Sorraia Mustangs zu tun.

Mai 1997
Prof. Dr. Rainer Willmann
II. Zoologisches Institut und Museum
Georg-August-Universität Göttingen

Eine Gruppe Kiger Mustangs hat eine Störung bemerkt. Noch hat sich keine wirkliche Beunruhigung breit gemacht, aber viel fehlt nicht, und die Pferde werden in Windeseile das Weite suchen

VORWORT

Mehr als zwanzig Jahre lang waren meine auf Pferde bezogenen Interessen von den Western Horse-Rassen, d.h. Quarter Horse, Paint Horse und Appaloosa Horse, sowie vom Westernreiten in all seinen verschiedenen Facetten dominiert worden. Doch das Wissen um die vier Urwildpferdeformen, das ich in den späten 60er Jahren vor allem durch Publikationen von Hermann Ebhardt und Michael Schäfer erworben hatte, war mir auch dabei im Auswählen der Pferde und Umgehen mit ihnen von Vorteil. Und ich hatte immer versucht, mich bezüglich der sogenannten Primitivpferde auf dem laufenden zu halten.

Bei den Vorarbeiten für mein Buch über das amerikanische Quarter Horse und den Nachforschungen über den Ursprung dieser Rasse kam ich zwangsläufig wieder auf deren iberische Vorfahren zurück. Dabei stieß ich erstmals auf die Diskrepanz zwischen der angeblichen Existenz des „Spanischen Berbers" und dem Einfluß, den die Mauren auf die iberischen Pferde gehabt haben sollen, und dem, was gewisse Geschichtsschreiber dokumentiert haben.

Es war schon immer ein Traum für mich gewesen, einmal amerikanische Mustangs in freier Wildbahn beobachten zu können, aber obwohl ich die USA und Kanada seit 1975 intensiv bereist habe, hatte ich mich dazu doch nie aufgerafft. Erst Ende der 80er Jahre bekam ich einige dieser scheuen Tiere mehr durch Zufall zu Gesicht.

Dann hörte ich von den Kiger Mustangs, und bei meinem nächsten Trip plante ich einen Abstecher nach Südostoregon fest ein, um sie mir anzusehen. Ich war nicht darauf gefaßt, wie ähnlich einige davon den portugiesischen Sorraias waren, die ich bis dahin nur von Bildern her kannte. Aber ich wußte um die Schwierigkeiten, die man in Europa hatte, diese Pferde zu erhalten. Es war bestürzend, daß niemand diese Mustangs als das erkannt hatte, was sie darstellten, und die Chance ergriffen hatte, diese urtümliche Pferdeform zu retten. Es war beunruhigend zu erfahren, daß sie sogar einen Typ verkörperten, den das Management zu eliminieren trachtete.

Später fand ich Pferde derselben Form unter Mustangs in Utah, Nevada und Wyoming und war besorgt darüber, daß man diese seltenen Tiere genauso wie alle anderen an unwissende Leute zur Adoption gab. Manche BLM-Offiziellen schienen an „Spanish Mustangs" interessiert und managten manche Herden auf den „spanischen Typ" hin, ohne dabei genau zu wissen, was wirklich ein spanischer Typ ist. Für mich war es einfach logisch, daß kein Pferd besser einen spanischen Typ verkörpern kann als eins, das wie ein Sorraia aussieht, aber es war frustrierend, wie schwer das herüberzubringen war.

Erstaunlich war, daß keiner der sogenannten Experten für iberische Pferde und „Spanish Mustangs" in Amerika sich die Mühe gemacht zu haben schien, das ursprüngliche, bodenständige iberische Pferd zu studieren und den Sorraia zum Maßstab zu nehmen. Außerdem ist es ärgerlich, den Sorraia überall in der Literatur falsch dargestellt zu finden, zumindest in der in Amerika verfügbaren.

Die Streitigkeiten, Eifersucht, manchmal Arroganz und Fehlinformationen, die man bei verschiedenen Mustang-Verbänden findet, war ebenso frustrierend. Ich entschloß mich schließlich, sie zu ignorieren, solange es nur gelang, das Hauptziel zu erfüllen: den amerikanischen Sorraia oder den Sorraia Mustang zu retten, denn das könnte mit Blick auf die prekäre Situation dieser Pferde in Europa gleichbedeutend damit sein, diese Art generell auf der Welt zu erhalten. Zu erreichen würde das nur sein, wenn man eine ausreichend große Zahl für ein Reinzuchtprogramm gewinnen könnte, so daß keine unmittelbare Gefahr der Inzucht bestehen würde. Es erschien unrealistisch, dies durch ein privat initiiertes Zuchtbuch zu erreichen, obwohl das eine zusätzliche Alternative sein konnte.

Das Bureau of Land Management andererseits hätte die Möglichkeiten, ideale Bedingungen für ein solches Projekt zu schaffen. Mit den immensen Ländereien und Wildnisgebieten, mit all den vielen Herden, die überall in den westlichen Staaten betreut werden - warum nicht eine solche Herde kreieren, die rein aus Mustangs der Sorraia-Form besteht? Eine Wildherde würde den zusätzlichen, unschätzbaren Vorteil der natürlichen Auslese haben.

Besuche bei verschiedenen BLM-Offiziellen waren teils enttäuschend, teils ermunternd. Gerade als es so auszusehen begann, als eröffneten sich Perspektiven, geriet das BLM unter starken öffentlichen Druck durch einen Artikel der Associated Press, in dem BLM-Angestellte beschuldigt wurden, persönlich illegal profitiert zuhaben durch Verkäufe von Mustangs an Schlachthöfe. Die Verantwortlichen hatten darum alle Hände voll zu tun, um sich gegen diese Angriffe zu wehren und wenig Sinn für die Erhaltung von bestimmten Mustangs...

Letztlich läuft es darauf hinaus, daß das BLM stets auf öffentlichen Druck reagiert. BLM-Offizielle mögen geneigt sein oder auch nicht geneigt sein, etwas für die Sorraia Mustangs zu tun - aber wenn die amerikanische Öffentlichkeit - und nicht nur die amerikanische - verlangt, daß ein Schutzprojekt eingerichtet wird, dann muß das BLM sich seinem gesetzlichen Auftrag entsprechend danach richten.

Dieses Buch ist ein Versuch, um die Öffentlichkeit auf die Situation hinzuweisen und hoffentlich ihre Unterstützung für ein Schutzprogramm für Sorraia Mustangs zu erwirken, wozu auch Artikel in Zeitschriften veröffentlicht wurden. Viele Pferdefreunde, Zoologen, Verhaltensforscher und Züchter aus verschiedenen europäischen Ländern - neben Deutschland aus Spanien, Portugal, Österreich und der Schweiz - haben ihre Forderung nach einem Sorraia Mustang Preserve schriftlich eingesandt, und diese Stellungnahmen wurden von mir an die amerikanische Botschaft und an den Direktor des BLM weitergeleitet. Bleibt zu hoffen, daß auch die amerikanische Öffentlichkeit ein solches Projekt fordern wird.

Es ist meine Hoffnung, daß dieses Buch Interesse und Verständnis für diese bedrohten Pferde mit urtümlicher Herkunft wecken und Aktivitäten zu ihrer Erhaltung stimulieren wird.

Besonderen Dank schulde ich Prof. Dr. Rainer Willmann für die Revision des Buches und die Vermittlung wertvoller Informationen, Alfredo S. Baptista Coelho, Ron Harding und Ron Roubidoux für die Hilfe bei meinen Studien in Portugal resp. Oregon und Utah, und Iris Rogan für das Korrekturlesen des englischsprachigen Textes.

Hardy Oelke, Mai 1997

Mustangs in Nevada. Dies ist ein Lebensraum, wie er für die Mustangs heute typisch ist: Offene Steppe oder Halbwüste, wo sie Nahrung finden und Feinde schon von weitem sehen können, übergehend in schwer zugängliche Berge, in denen sie nötigenfalls rasch Zuflucht und Deckung finden. Diese Aufnahme wurde mit einem 210-mm-Teleobjektiv gemacht, näher konnte man nicht herankommen; mit einer normalen Brennweite wäre von den Pferden kaum mehr als Punkte zu sehen gewesen

Gut, daß wir das Allradfahrzeug haben, sonst wären wir in dieser Wildnis nicht weit gekommen! Jetzt lassen wir es zurück und pirschen uns den mit Juniperbüschen bestandenen Hang hinauf. Wir machen dabei so wenig Geräusch wie möglich. Natürlich haben wir auch unsere Unterhaltung eingestellt. Nach den Erklärungen des Wild Horse-Spezialisten vom BLM können wir in diesem Bereich jederzeit auf ein paar der wilden Pferde stoßen. Es hieß, zu dieser Tageszeit träfe man sie gewöhnlich beim Grasen auf einer freien Fläche an, auf die wir uns jetzt zu bewegen...

Die Junipersträucher und Pinien bieten uns gute Deckung, darum sollten unsere Chancen recht gut sein, einigermaßen nahe an sie heranzukommen, denn auch der Wind steht günstig.

Jetzt erreichen wir den Rand des Juniperbestandes - und mit einem lauten Schnauben wirbeln mehrere falbe Körper und flatternde Mähnen herum und sind in Sekunden über den Kamm des Hügels verschwunden!

Wir hetzen hinterher und sind dabei nicht so behutsam wie zuvor. Hauptsache, wir kommen schnell genug über den Hügelrücken und bekommen sie noch einmal zu Gesicht!

Es ist frustrierend, wie schwer wir über den felsübersäten Hang, über den die Mustangs mühelos geflüchtet sind, vorankommen. In Gedanken sind wir bereits über den Hügel, aber es scheint ewig zu dauern, den Kamm zu erreichen. Wir keuchen nicht nur heftig, sondern haben alle Mühe, uns die Beine nicht zu brechen. Unbegreiflich, wie diese Tiere sich über solche Gesteinsbrocken und Geröll so schnell und leichtfüßig bewegen können!

Endlich haben wir es geschafft. Nirgendwo ist ein Pferd zu sehen. Moment mal - ganz dort hinten, am Hang des gegenüberliegenden Berges, kann man sie noch sehen, wenn sie ab und an zwischen den Bäumen und Sträuchern auftauchen. Sie gehen jetzt Schritt oder manchmal einen langsamen Trab, da sie genug Distanz zwischen sich und uns gebracht zu haben meinen und sich nicht mehr in direkter Gefahr sehen. Keine Chance, ein Foto machen zu können, nicht einmal mit einem starken Teleobjektiv. Auch keine Chance, noch einmal nahe heranzukommen - sie sind einfach zu weit weg, außerdem sind sie jetzt vor uns gewarnt.

Vielleicht finden wir noch eine andere Gruppe und haben dann mehr Glück...

MUSTANGS

Was man von den wilden Mustangs zu sehen bekommt, sind oftmals nur ein paar kleine Punkte in der Ferne. Oder, wenn man unerwartet auf eine Gruppe stößt, etwas vorbeihuschendes Fell, wehende Mähnen und Schweife und fliegende Hufe, und in einem Moment ist der ganze Spuk vorbei. Trotzdem ist es gut zu wissen, daß es sie immer noch gibt da draußen, wo sie in Wüsten und im Geröll entlegener Bergregionen ihr Dasein fristen.

Mustangs haben sich in Nordamerika unterschiedlichen Landschaften angepaßt. Ursprünglich bevölkerten sie die endlosen Prärien der Great Plains von Texas bis nach Kanada, aber auch die grasbewachsenen Täler und Halbwüsten des Westens und entlang der Westküste. Sie überlebten in marschigen Tiefländern und hochgelegenen Wüsten, konnten im dichten Buschland von Westtexas und in den Waldgebieten gefunden werden.

Wo immer sie zahlreich sind, können sie große Herden bilden. Sieht man sich solche großen Herden allerdings genauer an, dann stellt man fest, daß sie eigentlich aus kleineren Gruppen bestehen, die sich manchmal nur aus einer erwachsenen Stute und einem Fohlen oder einem halbwüchsigen Tier sowie dem dominanten Hengst zusammensetzen. Meistens gehören einige wenige erwachsene Stuten zu einer solchen Gruppe.

Die Gruppe wird normalerweise von der Leitstute angeführt, gewöhnlich eine ältere Stute. Die Leitstute ist das ranghöchste Tier mit Ausnahme des dominanten Hengstes und wird von den anderen Mitgliedern der Gruppe wegen ihrer Erfahrung, ihrer scharfen Sinne und ihres dominanten Verhaltens respektiert. Die anderen Gruppenmitglieder verlassen sich weitgehend auf sie, darum beeinflußt die Leitstute das Verhalten der ganzen Gruppe. Und wenn sie die ranghöchste Stute selbst im Vergleich mit anderen Gruppen ist, bestimmt sie das Verhalten der ganzen Herde mit. Die Leitstute trifft vielfach die meisten lebenswichtigen Entscheidungen, wie z.B. ob und wann die Flucht ergriffen wird, wohin geflohen wird, wann und wo zur Tränke gegangen wird, wann und wo geruht wird, wo und was gefressen wird etc.

Die anderen Gruppenmitglieder haben gelernt, der Leitstute zu vertrauen und sie zu respektieren. Sie wissen, daß sie nicht unnötigerweise fliehen wird, vor allem aber, daß sie in ihrer Wachsamkeit unermüdlich ist. Die Leitstute strahlt Selbstsicherheit und Kompetenz aus. Sie weiß, wo gutes Wasser, gutes Futter und gute Deckung zu finden sind.

Die Rolle des dominanten Hengstes ist es, die Gruppe zu beschützen. Er mag die Gruppe so trainiert haben, daß sie auf ein Schnauben von ihm sofort die Flucht ergreift. Obwohl es auch Berichte gibt, nach denen Hengste ihre Gruppen auf der Flucht angeführt haben, ist es doch meistens so, daß er die Nachzügler antreibt und der Gruppe den Rücken deckt, und er positioniert sich selbst zwischen die Gruppe und jede potentielle oder reale Gefahr. Er ist bereit, zu attackieren und zu verteidigen. Ein Hengst ist ein potentieller Killer, und wenn er einen Harem, also eine eigene Gruppe hat, ist er mehr als bereit, zu kämpfen und zu töten.

Wenn man eine Gruppe wildlebender Pferde beobachtet, ist es immer angeraten, nicht zwischen die Gruppe und den Hengst zu geraten. Solange der Hengst sich zwischen Harem und Eindringling befindet, mag er nicht allzu besorgt sein, und man hat die Chance, die Herde eine Weile zu beobachten. Wenn allerdings die Leitstute oder der Hengst nervös werden, wird sich die ganze Gruppe aus dem Staub machen...

Es kann durchaus oft beobachtet werden, daß andere, nicht dominante Hengste vom dominanten Hengst toleriert werden und ihm sogar beim Beschützen der Gruppe helfen dürfen. Solche untergeordnete Hengste dürfen Wache stehen, eventuell die Gruppe mit treiben; sie dürfen natürlich keine Stuten decken. Gewöhnlich sind untergeordnete Hengste entweder noch jung, oder sie sind sehr alt. Sie schaffen es jedenfalls nicht, einen eigenen Harem zu verteidigen.

Die Gruppen sind selten größer als etwa ein Dutzend Pferde. Der Hengst bleibt das ganze Jahr und auf Dauer bei seinem Harem, so lange, wie er ihn gegenüber konkurrierenden

Ganz oben: Ein „Stud Pile", ein Markierungs-Dunghaufen, durch den der Hengst seine Ansprüche auf ein Gebiet geltend macht
Darunter: Dieser Sulphur Springs-Hengst zeigt die typische Drohgebärde mit tiefem Kopf, mit der ein Hengst seinen Harem treibt

Hengsten behaupten kann. Er erlaubt in der Regel einer Stute, sich zum Abfohlen zurückzuziehen, bis sie sich dann mit dem neuen Fohlen wieder der Herde anschließt.

Junge Hengste, die sich noch keinen eigenen Harem erobern konnten, leben oft in Junggesellengruppen. Meistens ist ein Hengst nicht vor seinem fünften bis achten Lebensjahr so weit, daß er einen eigenen Harem verteidigen kann bzw. ein eigenes Territorium. Ein Anführer einer Junggesellengruppe behandelt diese, als wäre es eine Gruppe von Stuten.

Junge Hengste versuchen manchmal gemeinsam, eine Stute aus dem Harem eines dominanten Hengstes zu stehlen. Eine gute Gelegenheit dazu ist, wenn zwei Haremsführer eine Auseinandersetzung haben und darum abgelenkt sind. Auf der anderen Seite wurden auch schon Stuten beobachtet, die von sich aus eine Gruppe verließen und zu einer anderen überwechselten.

Nach Berichten treiben dominante Hengste nicht nur ihre Söhne fort, sondern auch ihre Töchter, wenn diese geschlechtsreif werden. Dies wird als ein instinktives Verhalten gesehen, das Inzucht vermeiden soll. Töchter verlassen auch aus eigenem Antrieb eine Gruppe und schließen sich einer anderen an.

Manche Hengste zeigen deutliche Vorlieben bezüglich der Stuten. Sie akzeptieren z.B. nur Stuten einer bestimmten Fellfarbe oder eines bestimmten Typs in ihrem Harem.

Der dominante Hengst verlangt Unterwürfigkeit von allen Mitgliedern der Gruppe. Er dirigiert die Pferde der Gruppe durch Gesten, zögert aber nicht, zu beißen und zu schlagen, um sich Gehorsam zu verschaffen. Seinen Harem zu treiben, ist ein Instinkt, den er ausleben muß, und er erreicht das, indem er hinter die Gruppe geht und entsprechende Gesten zeigt: den Kopf tief und vorgestreckt haltend, die Ohren angelegt. Wenn einer seiner Untergebenen nicht reagiert, gebraucht er seine Zähne, und da fliegen unter Umständen die Hautfetzen! Es wurden aber auch schon hochrangige, dominante Stuten beobachtet, die dem Hengst nicht bedingungslos gehorsam waren, sondern seinen Befehlen nur bis zu einem gewissen Grad gehorchten.

Hengste markieren ihr Territorium, indem sie auf bestimmten Punkten ihren Kot absetzen, was z.T. große Haufen ergibt, und darauf urinieren. Sie überprüfen diese Markierungen routinemäßig, d.h. sie erneuern die Markierungen und studieren sie durch Beriechen, indem sie flehmen. Dabei wird der Hals durchgedrückt und nach oben gehalten und die Nüstern werden geschlossen durch ein Aufwärtsdrehen der Oberlippe. Das Flehmen unterscheidet sich vom Gähnen (bei beiden Verhaltensweisen werden die Zähne entblößt) dadurch, daß beim Flehmen die Zähne geschlossen bleiben. Hengste überprüfen ebenso die Ausscheidungen der anderen Gruppenmitglieder und die anderer Pferde. Auf diese Weise halten sie sich auf dem laufenden. Domestizierte Hengste verhalten sich meistens ebenso.

Wenn Gefahr besteht, vereinigen sich oft mehrere Gruppen zu einer großen Herde, die dann gemeinsam flieht. Ist die Gefahr vorüber, teilt sich die Herde wieder in die einzelnen Gruppen auf.

Konflikte werden vielfach ohne Gewaltanwendung geregelt. Die Gesten und das Mienenspiel der Pferde reichen im allgemeinen aus, um Kämpfe - und somit Verletzungen und unnötigen Energieverlust - zu vermeiden. Wenn allerdings die

Mustangs sind unglaublich trittsicher. Diese Gruppe in Oregon läuft mühelos im Trab einen Felshang hinauf, den normale Hauspferde nur mühsam im Schritt bewältigen könnten

Rangordnung zwischen zwei Pferden nicht klar ist, oder wenn ein bis dahin unterlegenes Tier seinen Status verbessern will, kämpfen Pferde, gleich welchen Geschlechts, mit brutaler Gewalt. Das gilt auch für rivalisierende Hengste, obwohl das Thema sicher übermäßig dramatisiert wurde.

Es wurde beobachtet bei Gruppen wilder Pferde, die von Freßfeinden bedroht wurden, zum Beispiel Wölfen, daß sie einen Kreis bildeten, in dessen Innerem die Jungtiere eingeschlossen wurden und dessen äußerer Ring aus den abwehrbereiten Hinterhufen bestand. Ausgewachsene Hengste können dabei die Angreifer frontal attackieren.

Die meisten Mustang-Fohlen werden im Frühjahr geboren. Die Chancen eines spätgeborenen Fohlens, den Winter zu überleben, sind in den meisten Gegenden gering. Dasselbe gilt für eine Stute, die aufgrund dessen, daß sie noch ein Fohlen säugt, in schlechter Kondition ist.

Mustangs repräsentieren heute meistens nicht mehr den sogenannten *Spanish Mustang*, den spanischen Mustang, der ein stolzes, lebenskräftiges und in hohem Maße brauchbares Tier war, das auf seine eigene Art auch Schönheit hatte.

Die beständig zunehmende Beschränkung des Lebensraumes, die Verdrängung in immer armseligere Gebiete und die zunehmende Vermischung mit domestizierten Pferden hat eine weitgehende Degenerierung der Mustangs zur Folge gehabt.

Alle Mustangs, selbst die armseligsten, sind unglaublich trittsicher und können mühelos über Gelände galoppieren, in dem Hauspferde schon im Schritt Mühe hätten, sich die Beine nicht zu brechen. Ihre Hufe sind extrem widerstandsfähig, die Hufwand ist sehr dick, ebenso die Sohle. Die Sohle ist in der Tat so dick, daß sie zusammen mit dem Strahl die Hufunterseite komplett ausfüllt, so daß keine Wölbung mehr bleibt. Untersuchungen an Hufen wildlebender Mustangs haben außerdem ergeben, daß einmal die Zehe wesentlich kürzer ist als bei Hauspferden, zum anderen, daß der sogenannte Tragerand in Wirklichkeit kein solcher ist. Vielmehr ist er so abgenutzt, daß er auf völlig ebenem Boden mit diesem kaum in Berührung kommt - das Gewicht wird zum großen Teil von der Sohle und dem Strahl aufgenommen und stoßgedämpft. Tatsächlich fand man heraus, daß der Huf auf völlig ebener Fläche nur vier Kontaktpunkte mit dem Boden hat: vorn rechts und links der Zehe und hinten je ein Punkt unter den Trachten.

Wie scheu Mustangs sind, hängt von ihrem Lebensraum und den Erfahrungen ab, die sie gemacht haben. In manchen Gegenden tolerieren sie ein langsamfahrendes Fahrzeug, solange es nicht stehenbleibt, fliehen aber sofort vor Fußgän-

Eine Herde Kiger Mustangs im Kiger Mountain-Schutzgebiet

gern. Woanders reagieren sie auf Fußgänger weniger alarmiert, fliehen aber sofort, wenn sie ein Fahrzeug bemerken. Man mag unter solchen Umständen auf 200 m herankommen. Stuten sind nicht selten scheuer als Hengste, besonders, wenn sie Fohlen führen. Die örtlichen Niederlassungen des Bureau of Land Management (BLM) sind normalerweise gute Anlaufstationen, um Informationen zu erhalten darüber, wann und wo Mustangs am besten beobachtet werden können.

Eine Mustang-Beobachtungstour verläuft selten, ohne daß man auch andere Tiere zu Gesicht bekommt, besonders Hirsche, Antilopen, Koyoten, Hasen usw. Die Pronghorn- oder Gabelantilopen formen vielerorts eine Lebensgemeinschaft mit den Mustangs, ähnlich wie es mit Zebras und Gnus in Afrika beobachtet werden kann. Die beiden Tierarten scheinen bezüglich Wachsamkeit gegenseitig voneinander zu profitieren.

Der amerikanische Mustang hat sich als Überlebenskünstler bewiesen. Trotz widrigster Umstände hat er sich zäh behauptet. In diesem Jahrhundert hat er es geschafft, die Aufmerksamkeit des amerikanischen Volkes zu erheischen und von ihm unter Schutz gestellt zu werden als ein Teil der amerikanischen Geschichte und der Eroberung des Westens.

Manche sind anscheinend sogar noch mehr als das. Sie sollten als etwas Besonderes anerkannt werden und verdienen es, gesondert geschützt zu werden - ja, aus Artenschutzgründen verlangen sie förmlich nach einem Schutz, der über das hinausgeht, was derzeit den Mustangs zuteil wird!

Diese Abdrücke von Mustang-Hufen im Sand eines Bachbettes in Utah zeigen, daß die Sohle völlig „gefüllt" ist, also keine Wölbung aufweist, und sich der Strahl darum nicht oder kaum markiert

Mustangs und Pronghorn- oder Gabelantilopen formen in Gebieten, in denen sie gemeinsam vorkommen, oft Lebensgemeinschaften. Hier spielen Antilopen in unmittelbarer Nähe von Mustangs (Kiger-Gebiet, Südoregon)

WILDPFERDE, WILD LEBENDE PFERDE UND WILDE VORFAHREN

Die meisten Menschen finden wilde Pferde faszinierend. Das Verhältnis von Mensch und Pferd ist Tausende von Jahren alt, und soviel der Mensch auch versucht hat, das Pferd zu dominieren, zu domestizieren, zu gebrauchen und auszunutzen, hat er doch einen speziellen Platz in seinem Herzen für das freiheitsdurstige, frei lebende wilde Pferd, das Freiheit für uns zu symbolisieren scheint wie kein anderes Tier auf der Erde.

Es sieht geradeso aus, als ob Menschen, je mehr sie Pferde gebrauchen in Arbeit, Krieg, Sport oder Freizeit, umso mehr eine gewisse Genugtuung verspüren in dem Wissen, daß es sie immer noch gibt, die wilden Herden in manchen Gegenden der Erde, Pferde, die frei geboren wurden und niemandes Ruf befolgen müssen.

Viele Menschen finden es aufregend, Wildtiere zu beobachten. Aber eine Gruppe wilder Pferde in einer einsamen, rauhen Gegend zu entdecken, ist ein ganz besonderes Erlebnis!

Wilde Pferde bzw. wildlebende Pferde gibt es noch in einigen Ländern des Erdballs. Sie variieren stark in Erscheinung, Herkunft, Verhalten und Lebensraum.

Die „wilden" Pferde in Dülmen z.B. unterscheiden sich kaum von anderen primitiven Ponyrassen. Ein Besuch im Merfelder Bruch kann interessant oder enttäuschend sein, je nach dem, mit welchen Erwartungen man dorthin fährt. Ihre Geschichte reicht zwar ins Mittelalter zurück, als ihr Gebiet noch ohne feste Grenzen gewesen sein mag und sie tatsächlich noch frei lebten (wie dies auch auf andere Populationen wilder Pferde in Deutschland zutraf), aber selbst damals waren sie bereits Einkreuzungen verschiedenster Art ausgesetzt. Heute unterscheidet sich die Haltungsform der Dülmener „Wildpferde" praktisch nicht von der anderer robust gehaltener Pferde. Sie leben im Grunde auf der Weide, bekommen im Winter Heu, haben Unterstände, ihre Fortpflanzung wird in einem Maße gesteuert, das man ohne weiteres auch als Zucht einstufen kann, und der einzige Unterschied ist, daß sie in keiner Form, reiterlich oder zum Fahren oder sonstwie, genutzt werden, solange sie in der Wildbahn verbleiben. Die sogenannte Wildbahn ist zwar recht weitläufig, würde aber von der Fläche her in Nordamerika zum Beispiel nicht einmal als eine große Farm gelten.

Dülmener haben für wissenschaftliche Verhaltensuntersuchungen gedient, wenngleich ihr relativ enger Lebensraum die Möglichkeiten für solche Studien einschränkt, ebenso die Tatsache, daß nur ein Hengst zur Herde gelassen wird - und das auch nur während der Decksaison. Jeder, der wirklich wild lebende Pferde beobachten konnte und wie Hengste - dominante und untergeordnete - miteinander und mit Stuten und Jungtieren umgehen, der weiß, daß wichtige Elemente im Sozialverhalten und in der Sozialstruktur der Dülmener Herde fehlen. Die Dülmener sind leicht zugänglich und an Menschen gewöhnt. Kurzum, sie stellen nicht das dar, was sich die meisten unter Wildpferden vorstellen.

Die meisten Populationen amerikanischer Mustangs sind dagegen sehr scheu (haben auch allen Grund dazu), und es ist schwer, nahe an sie heranzukommen, zumal sie gewöhnlich in extrem unzugänglichen und abgelegenen Wildnisgebieten leben. Sie repräsentieren deshalb eher das, was wir unter einem Wildpferd verstehen, obwohl sie nicht von einheimischen echten Wildpferden abstammen und keine direkten Wildpferdevorfahren haben. Oder haben sie die vielleicht doch? Dazu mehr in einem späteren Kapitel.

Die einzigen Pferdeartigen, die im zoologischen Sinn als echte Wildtiere bezeichnet werden können und die es noch in größerer Anzahl wildlebend gibt, sind Afrikas Zebras. Sie sind natürlich eine Spezies, die sich von den eigentlichen Pferden immerhin so weit unterscheidet, daß Kreuzungsprodukte nicht fortpflanzungsfähig sind.

Halbwilde oder halbdomestizierte Pferde kann man noch in England finden, wo das Exmoor Pony den letzten reinen Restbestand einer Wildpferdeform verkörpert, die einst über ganz Nordeuropa verbreitet war. Nicht wenige Exmoors leben immer noch halbwild und werden nur bis zu einem gewissen Grad züchterisch beeinflußt, haben sich aber offensichtlich typmäßig seit Zehntausenden von Jahren nicht verändert. Einige weniger relevante Populationen halbwild lebender Pferde findet man in anderen britischen Regionen, wie z.B. dem Dartmoor oder dem New Forest.

In Südfrankreich haben wir in den Camargue-Pferden des Rhône-Deltas einen Restbestand dem Wildpferd nahestehender Tiere.

In Südportugal und vielleicht auch noch in Südspanien kämpfen die letzten Abkömmlinge des südiberischen Wildpferdes um ihr Überleben.

Polen unterhält vier wildlebende Herden von Koniks, die als direkte Nachfahren des Tarpans gelten, der einmal in den Steppen Rußlands und Polens weit verbreitet war.

Manche Herden in Südamerika bestehen aus Pferden, die dem nordamerikanischen Mustang vergleichbar sind und bekannterweise einen ähnlichen Werdegang haben. Eine andere Population, die mit großen Kopfzahlen aufwarten kann, ist die der australischen Brumbies. Die Herkunft des Brumby ist allerdings weniger interessant und inspirierend, weil diese Pferde ein Gemisch ohne jede zoologisch oder geografisch interessante Herkunft darstellen. Dasselbe kann von gewissen afrikanischen Populationen gesagt werden.

Das Mongolische Wildpferd - Stammform unserer Hauspferde?

Das Mongolische Wildpferd aus Zentralasien (*Equus przewalskii* Poljakow) ist eine echte Urwildpferdart oder -unterart. Die meisten Berichte besagen, daß es im Wildbestand ausgerottet wurde, doch konnten vorher einige Exemplare für zoologische Gärten in aller Welt gefangen werden. Es überlebte in der Gefangenschaft, und der Bestand ist inzwischen zahlreich genug, daß einige wieder in ihrem Ursprungsland Mongolei ausgewildert werden konnten und weiterhin ausgewildert werden.

Das Mongolische Wildpferd wurde lange als Vorfahre aller Hauspferderassen hingestellt. Diese falsche Auffassung wurde in jüngerer Zeit in populären und populärwissenschaftlichen Publikationen geradezu „zementiert“, wozu wohl die Tatsache geführt hat, daß aufgrund der Regeln wissenschaftlicher Systematik alle Pferde zur Spezies *Equus przewalskii* gehören. Es gibt aber ausreichend Beweise für die Annahme, daß viele - wahrscheinlich sogar die meisten - Pferdepopulationen oder -rassen nicht auf das Mongolische Wildpferd zurückgehen.

Durch DNA-Analysen wurde nachgewiesen, daß Hauspferd und Mongolisches Wildpferd zwar einer gemeinsamen Wurzel entstammen, aber das Mongolische Wildpferd keinesfalls die Wurzel der Hauspferde darstellt (ISHIDA, OYUNSUREN, MASHIMA, MUKOYAMA, SAITOU, 1995).

Ein weiterer Hinweis dafür, daß das Mongolische Wildpferd gar nicht zu den Vorfahren der Hauspferde gehört, ist die Zahl seiner Chromosomen, die 66 beträgt, anstatt 64 wie bei allen anderen Pferden. Auch in seinem Wesen ist es sehr verschieden in mancher Hinsicht - nach den meisten Berichten sind diese Pferde nicht oder kaum zähmbar. Ein anderer Hinweis ist, daß bestimmte Pferdepopulationen, die wild leben oder zumindest ohne selektiven Eingriff seitens des Menschen, nicht die geringste Tendenz zeigen, wieder Individuen hervorzubringen, die im Typ auch nur entfernt an Mongolische Wildpferde erinnern. Das ist signifikant, weil Pferde durchaus die Neigung haben, diesen Atavismus zu zeigen, wenn sie unter solchen Bedingungen leben können. Die primitiven Charakteristika, die manche Pferde unter solchen Verhältnissen hervorbringen, sind typisch für ganz andere Wildpferdformen.

Andererseits könnte man selbst durch gezielte Selektion keine Pferde züchten, die dem Mongolischen Wildpferd ähneln, wenn man als Ausgangsmaterial z.B. reingezogene Araber nähme. Jene, die das Mongolische Wildpferd als alleinige Wildform und alleinigen Vorfahren der Hauspferde postulieren, sollten diesen Beweis erbringen, indem sie das Mongolische Wildpferd wieder rückzüchten aus reinen Arabern oder Kaspischen Pferden oder reinen Sorraia-Pferden. Nicht nur, daß sie das nicht können, sie haben sogar Mühe, die existierenden Mongolischen Wildpferde typrein zu halten, also Merkmale zu verdrängen, die durch Einkreuzung von Hauspferden vorhanden sind bzw. immer wieder herausmendeln.

Das Mongolische Wildpferd ist zwar eine andere Unterart, aber doch ein enger Verwandter der übrigen Pferde, denn Kreuzungen mit allen existierenden Pferden sind fruchtbar.

Wissenschaftler wie HERRE, MOHR, FRECHKOP und GARUTT, schrieben dem Mongolischen Wildpferd eine große Plastizität zu, was bedeutet, daß es in vielen Varianten und Farbschattierungen existiert habe, um so zu erklären, wieso es Stammvater unserer so stark unterschiedlichen Rassen werden konnte. Obwohl alle diese Wissenschaftler um die Hauspferdeinkreuzungen wissen und wußten, schrieben sie irgendwelche Abweichungen nicht etwa diesen Kreuzungseinflüssen zu, sondern der angeblichen Plastizität der Form, um ihrer Theorie Glaubwürdigkeit zu geben, daß das Mongolische Wildpferd der alleinige Vorfahre unserer so unterschiedlichen Hauspferde sein könne.

Es ist bekannt, daß es für Hengste des Mongolischen Wildpferdes nichts Ungewöhnliches war, Hauspferdestuten zu „stehlen“ und ihrer Herde einzuverleiben, und man konnte bei den letzten wildlebenden Mongolischen Wildpferden, die für Wissenschaftler und zoologische Gärten gefangen worden waren, absolut nicht davon ausgehen, daß diese ohne Kreuzungseinflüße waren. Außerdem hat es beabsichtigte Kreuzungen gegeben. Die heutigen Mongolischen Wildpferde zeigen diese Kreuzungs-einflüße noch immer, und nur, wenn man eine gewisse Anzahl dieser Pferde begutachten kann, bekommt man eine gute Vorstellung vom Phänotyp dieser Art. Die holländische Stiftung „Foundation for the Preservation and Protection of the Przewalski Horse“, ein Projekt zur Wiedereinbürgerung bzw. Auswilderung dieser Pferde in der Mongolei, ist darauf bedacht, keine atypischen Pferde in diese Wildpopulation zu bringen. Man sieht sich da durchaus gezwungen, immer wieder Exemplare auszusondern oder Hengste zu kastrieren, weil diese Fremdblut zeigen oder Fohlen mit atypischen Merkmalen produzieren.

Das Mongolische Wildpferd ist von Natur aus so wild, ja sogar aggressiv, daß fast alle Versuche, es zu zähmen, fehlgeschlagen sind (MOHR, FALZ-FEIN, FOUNDATION OF THE PRESERVATION AND PROTECTION OF THE PRZEWALSKI HORSE). Aufgrund seiner Wesensart war das Mongolische Wildpferd einfach kein guter Kandidat für die Domestikation, sicherlich nicht dafür, zu einem Arbeitstier gemacht zu werden. Die Menschen jagten es des Fleisches wegen und wandten sich zur Domestizierung wahrscheinlich anderen, leichter zähmbaren Wildpferdarten zu. Selbst in der Mongolei, wo den Menschen wilde Mongolische Wildpferde bis in unser Jahrhundert zur Verfügung standen, scheint man überwiegend Pferde von anderem Typ geritten und gebraucht zu haben, die auch heute noch hauptsächlich Ponymerkmale zeigen.

Wenn gesagt wurde, daß Konflikte in Wildpferdherden gewöhnlich ohne Gewaltanwendung geregelt werden, so trifft das nicht auf die Mongolischen Wildpferde zu. Selbst in den kleinen Herden, die für die Vorbereitung auf die Auswilderung zusammengestellt wurden, haben sich nicht nur Hengste gegenseitig umgebracht, sondern auch Stuten.

Das Mongolische Wildpferd könnte als Vorfahre gewisser Hauspferde mit eine Rolle gespielt haben; es entspricht der Urwildpferdform II, und da Mongolische Wildpferde sich mit anderen fruchtbar kreuzen und man davon ausgehen kann, daß es auch Hybriden unter wildlebenden Unterarten gegeben hat, könnte es sich mit der Urwildpferdform I, dem Ur-Pony, verkreuzt haben, zumal seine Aggressivität es ihm leicht ermöglicht haben dürfte, Pferde anderer Unterarten zu übermannen. Diese Mischformen mögen besser zähmbar gewesen sein. Es ist wohl nicht zu weit hergeholt, daß sein Erbgut auf diese Weise mit in die Domestikation gelangen konnte.

Weshalb das Mongolische Wildpferd häufig als einzige bestehende Wildpferdart dargestellt wird, liegt in den Regeln der zoologischen Namensgebung begründet. Das Mongolische Wildpferd war das einzige echte Wildpferd, das je wissenschaftlich beschrieben und benannt wurde. Obwohl es andere Wildpferde gegeben hat, wurden diese jedoch ausgerottet, bevor sie wissenschaftlich untersucht und beschrieben wurden. Da andere, wie Exmoor Pony und Sorraia-Pferd, in kleineren und dichter bevölkerten Ländern vorkamen, ging man einfach nicht davon aus, daß es dort noch echte Wildpferde

Das Mongolische Wildpferd, inkorrekterweise gern „Przewalski-Pferd" genannt. Zoologisch gesehen ist jedes heute lebende Pferd ein Przewalski-Pferd

geben könnte, und so wurden diese Pferde gezähmt und zumindest teilweise domestiziert, bevor jemand daran dachte, ihren möglichen Status als ursprüngliche Unterart wissenschaftlich zu dokumentieren. Dasselbe gilt für den Tarpan, dessen Existenz weithin bekannt war, und zwar lange vor der Entdeckung des Mongolischen Wildpferdes. Niemand dachte aber an seine Erhaltung oder wissenschaftliche Beschreibung, bis es zu spät war.

Die Vertreter der Theorie vom Mongolischen Wildpferd als einziger Stammform argumentieren folgendermaßen: Alle Pferde, ob wild oder domestiziert, bilden eine einzige Fortpflanzungsgemeinschaft, da es keine natürlichen Fortpflanzungsbarrieren gibt und Kreuzungen uneingeschränkt fruchtbar sind. Darum gehören der zoologischen Systematik entsprechend alle Pferde zu ein und derselben Art und müssen deshalb auch alle denselben Artnamen tragen. Da das Mongolische Wildpferd als einziges wissenschaftlich beschrieben und nach seinem Entdecker *Equus przewalskii* genannt wurde, ist dies der ordnungsgemäße Name der Art*).

Obschon diese Auffassung technisch korrekt ist, erfüllt die Nomenklatur dabei nicht die Aufgabe, die sie eigentlich hat, nämlich, Populationen zu identifizieren, die sich aufgrund eigenständiger Merkmale deutlich von anderen unterscheiden. Wir haben heute eine Situation, wo der Name „Przewalski-Pferd" gewöhnlich nicht als Name für die ganze Spezies gebraucht wird, sondern als Synonym für „Mongolisches Wildpferd". Weil das Mongolische Wildpferd darüberhinaus meistens als einziges echtes Wildpferd hingestellt und einfach „Przewalski-Pferd" genannt wird, schließt man, daß das Mongolische Wildpferd die Stammform aller Pferde sei. Dabei ist es lediglich eine verwandte Unterart, deren Phänotyp deutlich anders ist und dessen Genotyp ebenfalls abweicht.

Es muß auch erwähnt werden, daß es viele andere Beispiele im Tierreich gibt, wo Tiere einer einzigen Fortpflanzungsgemeinschaft durch Unterartnamen auseinandergehalten werden. Das trifft z.B. zu auf die Arten Rentier, Wolf, Wildkatze (Felis) in Eurasien und Afrika und Bison (Kreuzungen von europäischen Bisons und amerikanischen sind fruchtbar). Es gibt Rinder und Wildrinder, die sich alle miteinander fruchtbar kreuzen und doch durch Unterartnamen und z.T. sogar durch Artnamen unterschieden werden; früher gab es sogar noch mehr. Bei all diesen Arten werden Unterarten unterschieden, weil sie sich phänotypisch und vom Verhalten her von anderen Populationen unterscheiden.

Dieselben Umstände treffen auf die wilden Vorfahren heutiger Pferde zu. Es gab unterschiedliche vor- und nacheiszeitliche prähistorische Pferde, was durch archäologische Funde, Höhlenmalereien und -zeichnungen, Plastiken, Münzen, Reliefs, Gemälde und Schriften durchgehend vom Pleistozän bis in historische Zeiten dokumentiert wurde. Ihre Eigentümlichkeiten zeigten sich nicht nur im Exterieur, sondern auch in Eigenschaften von Zähnen und Knochen, in der Färbung, im Haarkleid und im Verhalten. Es ist nur schwer zu verstehen, warum manche Zoologen das bis heute nicht wahr haben wollen und sich sträuben, beim Pferd zumindest wilde Unterarten anzuerkennen, wo sie es bei anderen Tieren ohne weiteres getan haben.

Dem echten Pferdekenner sind die Unterschiede zwischen Mongolischem Wildpferd und anderen abstammungsmäßig relevanten Formen so auffällig, daß es ihm nicht in den Sinn kommen würde, die Echtheit letzterer anzuzweifeln, selbst wenn es heute unmöglich sein sollte, noch etwas wissenschaftlich zu beweisen.

Es wurden sogar Vermutungen geäußert (z.B. LYDEKKER), daß das Mongolische Wildpferd das Resultat einer Kreuzung mit den im selben Gebiet heimischen wilden Halbeseln sein könnte (Dschiggetai oder Kiang, *Equus hemionus* Pallas bzw. *Equus hemionus* Moorcroft). Das ist vielleicht nicht so absurd wie es auf den ersten Blick erscheinen mag, denn manchmal sind die Kreuzungen von Pferden und Eseln fruchtbar, und möglicherweise kann es nicht ausgeschlossen werden, daß eine solche Kreuzung vorgekommen ist. Das würde jedenfalls die Ähnlichkeiten in Exterieur, Färbung, Haarkleid und Aggressivität von Mongolischen Wildpferden und diesen Halbeseln erklären.

Manche Forscher behaupten einfach, daß außer dem Mongolischen Wildpferd kein anderes die Eiszeiten überdauert habe, obwohl es dafür keine Beweise gibt, aber ausreichend

*) Als zoologischer Name für echte Pferde hatte lange *Equus caballus* Linné gedient, aber Linnés Name bezog sich auf Haustiere und entstand, als das Mongolische Wildpferd noch nicht entdeckt worden war. Der Name der Wildform hat gegenüber der domestizierten Form Vorrang, darum ist *Equus przewalskii* der korrekte Name. *Equus przewalskii* forma *caballus* ist danach der korrekte Name für Hauspferde

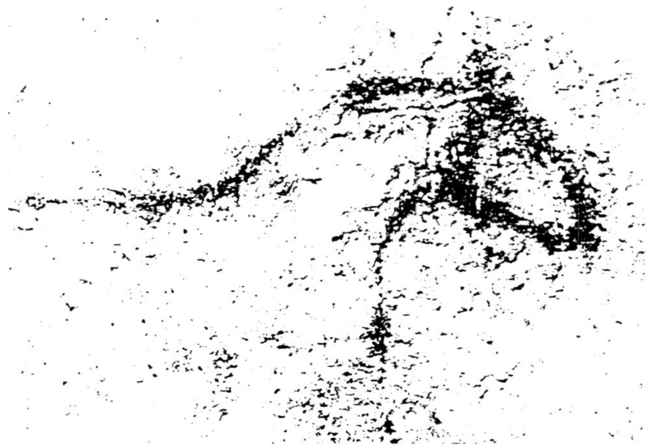

Eiszeitliche Malerei in der Höhle von La Pileta, Spanien, die das typische Ramskopfpferd darstellt

Bronzeskulptur eines südiberischen Ramskopfpferdes aus dem 4. Jahrhundert v. Chr.

Hinweise für das Gegenteil. Da iberische Pferde im Rahmen dieses Buches von besonderem Interesse sind, soll darauf hingewiesen sein, daß Iberien von den meisten Paläontologen und Zoologen in bemerkenswerter Weise ignoriert wurde. Höhlenmalereien zeigen klar, daß im südlichen Iberien seit der Eiszeit und durch die gesamte Steinzeit hindurch eine ramsköpfige, schlankhalsige Urwildpferdform existierte, die sich deutlich im Gebäude vom Mongolischen Wildpferd und anderen unterschied und die weiterhin kontinuierlich bis in historische Zeit erwähnt und dargestellt wurde.

Jedenfalls ist es unhaltbar, daß das Mongolische Wildpferd das einzige gewesen sein soll, das den Steinzeitmenschen für die Domestizierung zur Verfügung stand.

Aufgrund von Studien primitiver Pferde, prähistorischer Kunst, Knochenfunden, historischen Dokumenten usw. kamen manche Evolutionsforscher zu der Überzeugung, zwischen mehreren Formen von abstammungsgeschichtlich relevanten Wildpferden unterscheiden zu müssen. Diese stellen die sogenannte polyphyletische Schule dar, im Gegensatz zu den Monophyletikern, die nur eine Wildpferdform als Ahnen heutiger Pferde gelten lassen wollen. Die verschiedenen Urwildpferde sollen in zwei separaten Wellen aus Amerika nach Eurasien und Afrika eingewandert sein, die erste im späten Pliozän, deren Vertreter noch viele Merkmale des Pliohippus aufwiesen und in südlicheren, wärmeren Regionen überlebten, die zweite zu Beginn der Eiszeit, deren Vertreter bereits besser an grobes Futter und kaltes Klima angepaßt waren, weil es in Amerika die gleichen klimatischen Veränderungen gegeben hatte. Diese zweite Gruppe wurde in den nördlichen Regionen Eurasiens heimisch.

In der Regel werden von den Polyphyletikern vier nacheiszeitliche altweltliche Wildpferdformen unterschieden, die ihre - z. T. sehr unterschiedlichen - Merkmale zuverlässig vererbten bzw. deren Erbgut auch in der heutigen Zeit noch erkennbar ist. Die wenigen Tausend Jahre der Domestikation sind in diesem Zusammenhang nur ein Wimpernschlag, nachdem ihre Entwicklungsgeschichte Millionen von Jahren alt sein mag.

Die Pferde in der Neuen Welt kommen nicht in Betracht, da sie vor etwa 10.000 Jahren aus ungeklärten Gründen ausstarben (darum wissen wir, daß nach der Eroberung durch die Spanier zunächst alle Pferde in Amerika spanischen Ursprungs waren).

Alle vier dieser Urwildpferdformen sind in viele tausend Jahre alten Höhlenmalereien abgebildet worden. Wo die Verbreitungsgebiete sich überschnitten, findet man mehr als nur eine Form an den Höhlenwänden dargestellt, wobei die Formen klar unterschieden wurden. Damit, wie auch durch Knochenausgrabungen, ist bewiesen, daß verschiedene Wildpferdearten existierten und teilweise nebeneinander existierten.

Vier Urwildpferdeformen als Vorfahren der Hauspferde

1) Die Pony-Form oder Urwildpferd-Form I.

Oft werden alle kleinen Pferde als Ponies bezeichnet, was aber nicht korrekt ist. Das echte Pony ist von eindeutigem Typ und wird heute noch rein repräsentiert vom englischen Exmoor Pony: klein, etwa 1,25 m, von brauner Farbe, mit helleren Partien am Bauch, in den Flanken, um die Augen und ums Maul herum (Mehlmaul). Der Kopf hat eine breite, flache Stirn und ist im Profil ziemlich gerade bzw. zwischen Stirn und Nasenwölbung oft auch leicht konkav. Die Ohren sind klein, die Augen relativ groß und rund, mit vorstehender Braue und vorstehenden Lidern. Der Hals ist mittellang, schwer und eher aufrecht angesetzt. Die Brust ist breit, wie auch Rücken, Rumpf und Kruppe, der Widerrist niedrig und nur schwach markiert. Der Rücken ist mittellang. Die Beine sind kurz, mit kurzen, flachen Röhren, gutmarkierten Gelenken, kurzen Fesseln, runden Hufen und wenig Kötenbehaarung. Der Schweif ist tief angesetzt und formt im oberen Bereich ein Glocke, die der Ableitung des Regens dient. Das Tier hat eine sehr breite, abfallende Kruppe, die oft höher ist als der Widerrist.

Mähne und Schweif sind als Schutz gegen den Regen üppig, lang und drahtig. Ob die Mähne aufrecht stand oder herabfiel, ist unklar. Heutige Exmoors haben eine Fallmähne und einen ausgeprägten Schopf, als Schutz gegen Regen und Fliegen. Auf Höhlenmalereien ist diese Form, wie andere auch, oft mit Stehmähne dargestellt, daß aber Wildpferde nicht unbedings eine Stehmähne hatten oder haben müssen, zeigt ein unlängst in Kanada ausgegrabenes Urpferd, das im Dauerfrost gut erhalten geblieben war und dessen Alter auf 26.000 Jahre bestimmt wurde; es hat eine Fallmähne!

Das Form-I-Pferd - oder besser Pony - hat Schneidezähne, die senkrecht aufeinandertreffen, im Gegensatz zu den südlichen Pferden, deren Gebiß mehr pinzettenartig ist. Es zeichnet sich noch durch andere, weniger augenfällige Merkmale aus, wie z.B. andere Backenzähne, größere Knochendichte, weitere Markröhren, flache Röhrenknochen und breitere Gelenke.

Diese Form war in weiten Teilen des nördlichen Europas einheimisch, sein Verbreitungsgebiet erstreckte sich aber auch bis ins nördliche Iberien.

2) Der Urkaltblüter oder die Urwildpferd-Form II.

Diese Urwildpferdeform wird als Vorfahre der Kaltblutrassen angesehen. Ihr Lebensraum waren Steppen und Marschländer des nördlichen und zentralen Europas und Asiens, wo die Niederschlagsmengen nicht unbedingt so ausgiebig waren. Ihre Charakteristika stellen sich so dar: schwerer, großer, ramsnasiger Kopf, „tief“ von der Seite betrachtet, mit flacher, eher schmaler Stirn, hochplazierten, elliptischen Augen und breiter, schwerer, unedler Maulpartie. Weitere Merkmale sind: drahtige, kurze Stehmähne ohne Schopf; kurzer, dicker, tief angesetzter und mehr waagerecht getragener Hals; breite, schwere Brust; schwere, steile Schulter; breiter, langer Rumpf; starkknochige Beine mit massiven Gelenken und Kötenbehang, kurzen, flachen Röhren, kurzen, steilen Fesseln, Sprunggelenken mit stärkerer Winkelung als bei den anderen Formen und größeren, breiten Hufen. Eine schwere Hinterhand, die meistens höher ist als der Widerrist, gilt für diese Form als typisch.

Das Mongolische Wildpferd, einziger überlebender reiner Form-II-Vertreter, hat gewöhnlich keine gespaltene und abgeschlagene Kruppe, wie heutige Kaltblüter sie aufweisen. Die typische Farbe ist ein rötliches hellbraunfalb, Mehlmaul, helle, oft fast weiße Bauchpartie, helle Flanken, helle Beininnenseiten und dunkle untere Extremitäten. Die schwarze, kurze, aufrechtstehende Mähne ist dünn von helleren Haaren im Ton der Körperfarbe flankiert (nicht heller als die Körperfarbe, wie die oft fast weißen Seitenhaare der Form-III-Mähne) und hat keinen Schopf. Der Schweif wirkt mehr eselsartig, ist im oberen Bereich schütter mit nur kurzen, nach rechts und links weisenden Haaren im Ton der Körperfarbe, und im unteren Bereich voller und schwarz. Ein Aalstrich ist vorhanden, wenngleich meistens recht dünn. Zebrastreifen an den Beinen sind nicht typisch, obwohl sie gelegentlich vorkommen. Das Vorhandensein deutlicher Beinstreifen dürfte eher ein Hinweis auf Kreuzungseinflüsse sein.

Das Fell des Form-II-Wildpferdes schützte es besonders gegen Kälte sehr gut. Ein langer Bart unter den Unterkieferästen ist im Winterhalbjahr typisch. Die ursprüngliche Farbe mag geographisch unterschiedlich gewesen sein, besonders im Winter. Exemplare, die im dauergefrorenen Boden Sibiriens zusammen mit Mammuts ausgegraben wurden, waren fast weiß (Zeuner). Pfitzenmayer (1926) berichtete von weißen

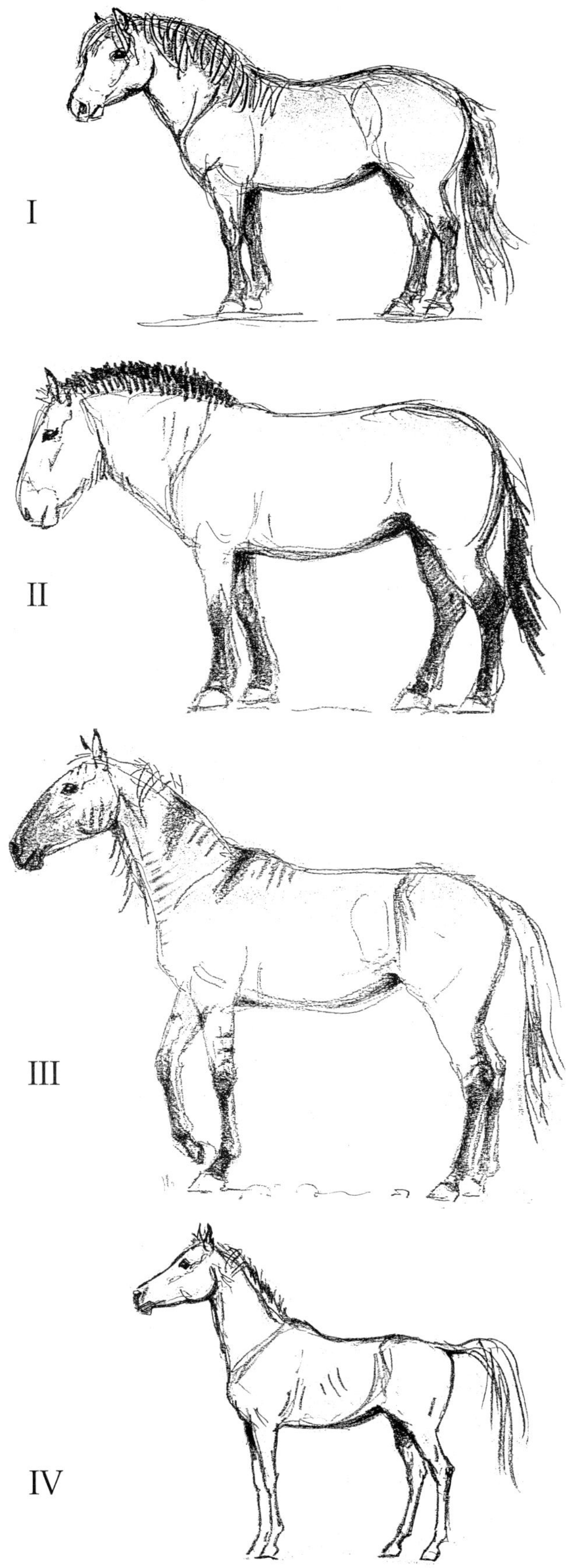

Darstellung der vier Urwildpferdformen I - IV, von denen unsere Hauspferde abstammen

Ganz oben: Diese Mongolischen Wildpferde werden in Norddeutschland auf die Auswilderung in einem Reservat in der Mongolei vorbereitet. Sie haben sich auf der fetten Weide Speckreserven angefressen und zeigen besonders im Winterhaar die Übereinstimmung mit dem Form-II-Urwildpferd bzw. Urkaltblüter
Darunter: Das Sorraia-Pferd ist der reinste heute noch lebende Vertreter des Form-III-Wildpferdes

wilden Pferden im nördlichen Sibirien, die es noch heute geben soll, bei denen aber nach wie vor nicht geklärt ist, ob es sich um echte Wildpferde handelt. Manche unveränderlichen Schimmel (Roans) werden ebenfalls im Winter weißer, und die Roan-Färbung gilt als Kaltblutmerkmal.

Die Urwildpferd-Form II war oft größer, etwa um 1,40 m, und periodisch und geografisch gab es noch wesentlich größere Formen.

3) *Der Urwarmblüter oder die Urwildpferd-Form III*

ist charakterisiert vom Gebäude eines Langstreckenrenners. Während man die Form II trotz der Größe als ein großes Pony ansprechen muß, war das Form-III-Wildpferd definitiv kein Pony, sondern ein Pferd, auch wenn seine durchschnittliche Größe bei nur etwa 1,40 - 1,45 m gelegen haben mag (zeitweilig hatten sich größere geografische Formen entwickelt). Es ist ein an wärmere Gegenden angepaßtes Pferd, wie die Steppen und Halbwüsten des Mittelmeerraumes. Sein Lebensraum umfaßte nicht nur Iberien, sondern reichte wohl auch nach Nordafrika hinein. Während der Eiszeit war der Meeresspiegel viel niedriger, wodurch die Straße von Gibraltar wesentlich schmaler war, so daß Pferde sie überquert haben können. Auch bis nach Südwestasien hinein gab es Restbestände dieser Unterart.

Das charakteristische Gebäude dieser Form schließt ein mehr oder weniger stark auswärts gebogenes Kopfprofil ein, häufig als konvex, subkonvex oder ramsköpfig bezeichnet. Die Betonung liegt hier auf Rams*kopf*, nicht Rams*nase*. Der von vorn und von der Seite gesehen eher lange, schmale Kopf hat hochplazierte Augen, längere Ohren und eine feine, kleine Maulpartie. Der Hals ist recht lang, schlank, mit gut ausgeschnittener Kehle, der Widerrist gut ausgeprägt und weit in den Rücken reichend. Die Schulter ist schräg, Brust und Rumpf sind schmal, aber die Gurttiefe ist beträchtlich und bietet reichlich Platz für Herz und Lunge. Der Rücken ist mittellang, die Kruppe von hinten gesehen dachartig, von der Seite schräg (nicht abgeschlagen). Die vergleichsweise langen Beine weisen längere, runde Röhren auf, leichte, nicht sehr ausgeprägte Gelenke, längere Fesseln und ovale, mittelgroße Hufe. Sie sind trocken und fein und praktisch ohne Fesselbehang. Charakteristisch ist außerdem, daß bei der Form III der Widerrist gut ausgeprägt und höher ist als die Kruppe.

Ob die Mähne ursprünglich kurz und aufrecht war oder länger und herabfallend, ist ungewiß. Manche heutigen Form-III-Pferde zeigen eine gewisse Tendenz zur Stehmähne, während die meisten eine Fallmähne haben.

Die Farbe des Form-III-Pferdes ist falb, gewöhnlich gelb- oder gelbbraunfalb, manchmal etwas in Rötliche spielend, oder graufalb. Die Form III hat kein Mehlmaul, sondern ein eher dunkles Gesicht, besonders auf dem Nasenrücken und um die Maulpartie. Als Graufalben werden sie mit dunkler Maulpartie geboren, Gelbbraunfalben werden oft mit heller

Maulpartie geboren, die aber nach dem ersten Haarwechsel dunkel wird. Die feinen Haare im Ohr sind fahl gefärbt; die Ohren sind dunkel bzw. schwarz gesäumt, mit dunklem oberen Drittel der Ohrenrückseite. Typisch sind dunkle Ohrenspitzen, dunkle untere Gliedmaßen, Aalstrich, Zebrastreifen an den Beinen, Schulterschattierungen (Schulterkreuz) usw. Mähne und Schweif sind innen, als Verlängerung des Aalstrichs, dunkel, aber außen hell gesäumt, und zwar typischerweise mit Haaren, die heller sind als die Körperfarbe, oft sogar fast weiß, so daß sie zweifarbig aussehen. Nach Ruy D'ANDRADE, der noch einige der letzten wilden Exemplare gesehen hat, hatten viele eine ungewöhnlich ausgeprägte Zebrierung, mit Streifen an Kopf, Ohren, Hals und Rücken.

Der Verdauungstrakt dieser Form ist eher auf die beständige Aufnahme kleinerer und nahrhafterer Futtereinheiten ausgerichtet, wie dies für wärmere Gegenden typisch ist. Pferde dieser Form, die sich allein von den rohfaserreichen Gräsern und Pflanzen Nordeuropas ernähren sollen, bekommen nur einen schlappen Grasbauch, während Pferde der Formen I und II davon fett werden. Auch die Form III legt Fettreserven an, vor allem am Hals bzw. Mähnenkamm, weniger zur Kälteisolierung, sondern als Energiereserve. Angepaßt an trockene Klimate, kann diese Form täglich weite Strecken auf der Suche nach Futter und Wasser zurücklegen. Das Form-III-Pferd ist ein ausdauernder und schneller Renner und kann seinen Feinden durch schnelle Flucht entkommen. Es kann ein Winterfell produzieren, das zwar gut gegen Kälte schützen kann, aber nicht sehr effektiv gegen Nässe ist.

Form-III-Pferde drangen in prähistorischer Zeit während wärmerer Perioden, in denen die Eismassen zurückgingen, bis in nördlichere Gefilde vor und bildeten dabei sehr große Varianten aus, wie Knochenfunde belegen, die auf Individuen von 1.70 m und mehr schließen lassen.

Zur Form III gehören Zähne, die deutlich von denen der Formen I und II abweichen, mit Schneidezähnen, die mehr im Winkel aufeinandertreffen und Backenzähnen, die sich bezüglich Anordnung und Schmelzfältelung von denen der nördlichen Ponyformen unterscheiden (EBHARDT).

Die Form III gilt als hauptsächlicher Stammvater der modernen Warmblutrassen. Die Mechanik dieses Pferdes ist die eines Heckmotors bzw. -antriebs, da die schräge Kruppe, die Winkelung der Hintergliedmaßen und die frei bewegliche Schulter diesem Pferd ermöglichen, mehr Gewicht auf die Hinterhand zu nehmen und mit erhabener, ausgreifender Vorhand zu laufen. Das ist die Art von Beweger, die in allen modernen Warmblutzuchten angestrebt wird und die auch auf den Rennbahnen gewinnt. Die gutausgeschnittene Kehle und der schlanke Hals sind ebenfalls ideale Reiteigenschaften, und dieser Pferdetyp ist - kombiniert mit der schrägen Kruppe - in der Lage, sich wie kein anderer rund zu machen, die Hinterhand unter sich und die Nase in die Senkrechte zu nehmen und in der Versammlung zu gehen sowie ein Reitergewicht zu tragen. Das ist der Grund, weshalb die Form-III-Pferde soviel Einfluß auf die Entwicklung aller Rassen gehabt haben, die dressurmäßig geritten werden. Die längeren Röhren dieser Form bedingen allerdings mehr Knieaktion. Heute zeigen alle Warmblutrassen mehr oder weniger stark Form-III-Merkmale, aber im Sorraia-Pferd Portugals haben wir seinen reinsten Vertreter. Der alte Typ des nordafrikanischen Berber-Pferdes war ebenfalls ein eindeutiges Form-III-Pferd.

Von manchen Autoren wird dem Form-III-Pferd ein schwieriger, ja sogar aggressiver Charakter zugeschrieben, was aber in scharfem Kontrast steht zu den Erfahrungen, die man mit Form-III-Pferden machen kann (Sorraias, Lusitanos, Andalusier). Diese Pferde sind von auffallend mildem Wesen, kooperativ und leicht trainierbar. Kurz, sie haben einen sehr angenehmen Charakter.

4) Der Uraraber oder die Urwildpferdform IV

Auch das Urwildpferd der Form IV war ein kleines Pferd, kein Pony, im südwestlichen Asien und Kleinasien, obwohl es nicht größer als 1,00 m bis 1,20 war. Manche Forscher halten es für die entwicklungsgeschichtlich primitivste Form. Ihre Argumentation ist die, daß die Entwicklung der Gattung *Equus* - wenn auch nach vielem Hin und Her über Millionen von Jahren - im Ergebnis aus einem laubfressenden Buschschlüpfer ein Lauftier gemacht hat, das sich von eher harten Gräsern und rauhfaserhaltigem Futter ernährt; so hinke dieses primitive kleine Pferd in diesem Prozeß etwas hinterher - es hat z.B. von allen Pferden die kleinsten Backenzähne, die nicht taugen, um grobfaseriges Futter optimal zu zermahlen und erst recht nicht, dies ein Leben lang tun zu können.

Das Exterieur dieses Pferdchens wird so beschrieben: Kleiner Kopf mit gewölbter Stirn und konkavem Profil, großen, runden, weit auseinanderstehenden Augen, kleinen, feingeschnittenen, gekrümmten Ohren und kleiner Maulpartie. Schlanker, mittellanger Hals, hoher Widerrist (höher als die Kruppe), gute, lange Schulter, kurzer Rücken, kurze, fast horizontale Kruppe, hoher Schweifansatz. Die Beine feinknochig und ohne Fesselbehang, mit eher langen, runden Röhren und kleinen, harten, ovalen Hufen.

Bei dieser Form, mit ihrem kurzen Rücken, sind nur fünf Lendenwirbel typisch, im Gegensatz zu den sonst üblichen sechs.

Der direkte Nachfahre dieses Urwildpferdes ist das Kaspische Pferd, und sein bekanntester Nachkomme ist das Araberpferd. Das Kaspische Pferd wurde 1965 von der Amerikanerin Louis Firouz nahe des Kaspischen Meeres entdeckt, nachdem das Form-IV-Urwildpferd von Wissenschaftlern schon 50 Jahre vorher beschrieben worden war.

Es gibt ein paar Theorien, aber keine handfesten Beweise bezüglich der Farbe des Form-IV-Wildpferdes. Man kann aber beobachten, daß immer dann, wenn einer Rasse viel Form-IV-Blut zugeführt wurde (in der Regel durch Araber), viele Füchse und Rappen auftreten, ebenfalls der Schimmelfaktor. Da Schimmel sich über alle anderen Farben dominant vererben, setzt sich die Farbe meistens gut durch, wenn keine besonderen Anstrengungen gemacht werden, sie zu unterdrücken. Die Schimmelfärbung ist natürlich keine eigentliche Grundfarbe, sondern überlagert die Grundfarbe eines Pferdes. Schimmel werden ja nicht als solche geboren, sondern werden jedes Jahr weißer, weil mehr Haare weiß nachwachsen, ähnlich wie auch

Menschen mit zunehmendem Alter grauer und schließlich weiß werden können.

Füchse haben ebenfalls die Tendenz, sich in einer Rasse oder Population zu halten, wenn sie nicht ausgemerzt werden, wenn auch aus anderem Grund: Die Farbe ist rezessiv gegenüber allen anderen, was bedeutet, daß die Farbe leicht erhalten werden kann, da Anpaarungen Fuchs x Fuchs immer wieder Fuchs ergeben. Sie kann aber auch schlecht ausgemerzt werden, weil auch bei Anpaarungen von heterozygoten andersfarbigen Pferden (z.B. einem Gen für Fuchs und einem für Braun) immer eine Chance bleibt, daß ein Fuchs-Gen vererbt wurde.

Form-IV-Pferde haben Schneidezähne, die pinzettenförmig aufeinanderstoßen, wie es für Laubfresser typisch ist. Sie haben weiterhin einen ausgeprägt nach hinten/unten ausgewölbten Unterkieferbogen, der, zusammen mit der kleinen Maulpartie und der aufgewölbten Stirn, den typischen Dreieckskopf bildet. Ein anderes Charakteristikum soll ein besonders geformtes Schulterblatt sein.

Dies ist natürlich nur ein kurzer Überblick über die Urwildpferdformen, die sich noch durch andere Merkmale unterscheiden, die vielfach nur dem Experten zugänglich sind und von denen manche noch gar nicht verstanden werden.

Der Tarpan, ein ost- und südosteuropäisches Wildpferd?

Wie aber paßt das Wildpferd Osteuropas und Südrußlands, der Tarpan, in dieses Bild?

Wissenschaftler der polyphyletischen Schule vermuten in ihm eine Wildstandsverkreuzung von Urwildpferden, deren Verbreitungsgebiete sich in Rußland berührten oder überschnitten; nach manchen Quellen waren dies die Formen I und IV. Es ist aber so, daß in dem Gebiet auch das Vorkommen der Form III möglich gewesen ist. Die polnischen Koniks sind direkte Nachfahren des Tarpans und wohl die Pferde, die ihm heute noch am meisten entsprechen. Ihr Gebäude und ihre Färbung deuten darauf hin, daß der Tarpan eher eine Mischform der Formen I und III gewesen sein mag. Koniks haben gewöhnlich dieselbe Färbung wie die Sorraia-Pferde und sehen gebäudemäßig wie eine Kreuzung von Sorraia und Pony aus. Form-IV-Einfluß lassen die Koniks so gut wie gar nicht erkennen. Manche Individuen zeigen mehr Typ-III- oder Sorraia-Gebäudemerkmale als andere. Die Verantwortlichen in Polen haben den Form-III-Einfluß seit dem Wiederaufbau der Rasse unterdrückt, indem sie ein Höchstmaß für die Koniks festgesetzt haben, das deutlich unter der Wachstumskapazität der Form-III-Urform liegt; auf diese Weise begünstigen sie das Ponyerbe in der Rasse. Trotzdem mendeln noch immer wieder Tiere heraus, die deutlich größer als 1,40 m werden und zugleich meistens auch weitere Form-III-Merkmale aufweisen. Koniks werden heute auch auf die graufalbe Farbe hin selektiert, obwohl es früher viele braunfalbe oder gelbbraunfalbe gab.

Ausreichendes Material, um eine fundierte Klassifizierung des Tarpans vornehmen zu können, ist heute nicht mehr verfügbar, und man muß auch davon ausgehen, daß die letzten Tarpane, die bekannt waren und beschrieben wurden, wohl keine unverkreuzten Exemplare dieser Unterart mehr waren.

Die Koniks gelten als die reinsten Tarpan-Nachfahren. Dieser polnische Konik-Wallach zeigt in Färbung und Kopfform deutliche Ähnlichkeiten mit dem Sorraia oder Form-III-Pferd

Einer der letzten Kenner des Tarpans war der russische Zoologe Baron Friedrich VON FALZ-FEIN, der riesige Besitztümer in Südrußland in der Nähe des Schwarzen Meeres hatte, wo der Tarpan früher einmal häufig war. VON FALZ-FEIN züchtete Kreuzungen von amerikanischen Bisons und Wisenten, auch von amerikanischen Bisons und Wisenten mit Hausrindern, außerdem von verschiedenen Hirscharten und befaßte sich auch noch mit anderen Hybrid-Zuchten und zoologischen Projekten. Er brachte die ersten Mongolischen Wildpferde nach Deutschland und züchtete diese auch auf einem seiner Güter, namens Askania Nova. Er war überzeugt, daß der Tarpan ein echtes Urwildpferd war. In seiner Beschreibung des Tarpans verglich er diesen auch mit dem Mongolischen Wildpferd, das er ja sehr gut kannte. Er sagte, daß der Tarpan edler war und langbeiniger, und er erwähnte auch eine Tendenz zur Ramsnase. Damit mag er einen Ramskopf gemeint haben, denn das Mongolische Wildpferd hat ja eine Ramsnase, und wenn er einen Unterschied herausstellen wollte und beim Tarpan von Ramsnase sprach, dann könnte er den für die Form III typischen Ramskopf gemeint haben. Zusammen mit der Tatsache, daß die Färbung des Tarpans sehr der des Form-III-Pferdes gleicht - eigentlich sogar identisch damit ist - erscheint es eher logisch, den Tarpan als einen Form-III-Hybriden anzusehen.

Der deutlichste Hinweis für diese Theorie ist aber, daß durch Sequenzierungen der mitochondrialen DNA von Sorraias und anderen Pferden, u.a. auch Koniks, die Koniks in enge Verwandschaft zu den Sorraias gestellt wurden.

Weitere Eigentümlichkeiten der Urwildpferdformen

Die Formen II und III waren nicht nur durchschnittlich etwas größer als die Formen I und IV, sondern schienen eine erbliche Tendenz zu haben, größere Tiere hervorzubringen, wenn die Umweltbedingungen dies erlaubten oder verlangten. Darum können nur die Gene dieser Formen das Größenwachstum beisteuern, das heute in fast allen modernen Reitpferderassen gewünscht wird. Ohne das Erbmaterial der Formen II und III können keine Pferde gezüchtet werden, die größer als 1,20 m oder 1,30 m sind. Bei den Formen I und IV

Graufalber Sorraia-Hengst aus der Herde von d'Andrade, Portugal

Polnische Koniks sind in der Färbung meistens mehr oder weniger identisch mit dem Sorraia-Pferd und zeigen oft auch, wie dieser Wallach, deutliche exterieurmäßige Anklänge

verhält es sich genau entgegengesetzt. Sie sind nicht nur kleiner, sondern bringen unter bestimmten Umständen Zwerge hervor, wie das Shetland Pony oder die sogenannten Miniaturponys.

Entgegen dem, was viele Züchter glauben, kann man durch gute Fütterung ein Pferd keinen Zentimeter größer machen; alles, was man tun kann, ist, durch gute Fütterung das erblich vorgegebene Größenwachstum voll auszuschöpfen. Darum mußte die Größe in unseren modernen Rassen durch die Einkreuzung von Form-II- und/oder Form-III-Pferden erzielt werden, und darum zeigen Pferde in der Regel umso mehr Form-II- oder Form-III-Merkmale, je größer sie sind. Aus diesem Grund muß den großen Warmblutrassen immer wieder Vollblut zugeführt werden, weil sie sonst zu unedel würden, und aus demselben Grund geht z.B. in der Quarter Horse-Zucht leicht der Rassetyp verloren, wenn die Pferde 1,60 m und mehr groß werden, denn dann tendieren die Form-III-Merkmale dazu, verstärkt hervorzutreten.

Aalstrich, Zebrastreifen und ähnliche Abzeichen werden zu recht als Wildpferdemerkmale angesehen. Ihr Vorhandensein bei einem Pferd bedeutet aber nicht automatisch, daß dies dem Wildpferd besonders nahesteht. Und dazu muß auch angemerkt werden, daß die braune Färbung mit Mehlmaul nicht weniger ein Wildpferdemerkmal ist (Form I).

Das südiberische Wildpferd

Die Form III wurde in der südspanischen Höhle La Pileta abgebildet und in einer Höhle bei Escoural in Portugal. Diese Malereien und Ritzzeichnungen zeigen einen deutlich anderen Typ Pferd als er in Höhlen andernorts dargestellt wurde, zu unterscheiden durch das ramsköpfige Profil, den längeren, gebogenen Hals und die ausgeschnittene Kehle. Sie beweisen auch die Existenz von Pferden schon vor der letzten Eiszeit in Süd- bzw. Südwestiberien, die dem heutigen Sorraia-Pferd glichen und den Lusitanos bzw. Andalusiern.

Seit den Tagen der Römer ist das spanische Pferd stets als ramsköpfig und mit aufgewölbtem Hals dargestellt worden, ob auf Münzen, in Skulpturen oder Bildern. Es ist auch zu erkennen, daß überall da, wo auf der Welt iberische Pferde Einfluß nahmen, ramsköpfige Pferde auftraten.

Der Römer VARRO (116 - 27 v. Chr.) erwähnte Wildpferde in Iberien, der griechische Autor STRABON (63 v. Chr. - 20 n. Chr.) ebenfalls. Wesentlich später (7. Jahrhundert) berichtet St. ISIDOR OF SEVILLA von Wildpferden in seinem Heimatland.

Ein interessantes und aufschlußreiches Phänomen ist, daß Hauspferde, weil sie eine vom Menschen gezüchtete Mischung darstellen, die Tendenz haben, sich in die ursprünglichen Formen aufzuspalten, wenn sie sich selbst überlassen bleiben

Sorraia-Stuten in halbwilder Haltung in Portugal

und der selektive Einfluß des Menschen (oder des Lebensraumes) entfällt. Dieses Phänomen beweist auch die Richtigkeit der Theorie von vier Urwildpferdformen, da es diese vier Grundformen sind, in die sich Pferde wieder aufspalten, wenn sie in Freiheit sich selbst überlassen bleiben. Hat man es dagegen mit Pferden zu tun, die eine der ursprünglichen Formen verkörpern, wie Kaspisches Pferd, Mongolisches Wildpferd, Exmoor Pony, Zebra oder Sorraia-Pferd, so kann man diese sich unkontrolliert vermehren lassen, egal wo, und sie werden sich auch nach Generationen nicht grundsätzlich verändert haben - sie können sich im Typ nicht verändern oder in verschiedene Formen „auseinanderfallen", weil sie nicht das Resultat einer vom Menschen kreierten Kombination von Genen darstellen. Ihr Genotyp ist die Originalformel von Mutter Natur, geformt in Tausenden von Jahren.

Das prähistorische Form-III-Pferd hatte im Süden der iberischen Halbinsel sein letztes Verbreitungsgebiet, wo es ideale Bedingungen in Klima und Umwelt hatte. Es ist kein Zufall, daß die letzten reinen Vertreter dieser Form dort gefunden wurden: die Sorraia-Pferde. Nach den Forschungsergebnissen von D'Andrade und anderen wurden dort auch die ersten Pferde gezähmt und geritten, und zwar bereits in der mittleren und der jüngeren Steinzeit! Das Verbreitungsgebiet dieser Pferdeart erstreckte sich in Vorzeiten bis weit nach Osten, aber es konnte sich in Iberien rein erhalten, weil es dort geografisch weitgehend isoliert war, und die Pyrenäen bildeten während der Eiszeiten eine noch effektivere Barriere und schnitten Iberien vom restlichen Europa praktisch ab. Es ist diese Wildpferdform, die im Zusammenhang dieses Buches von besonderem Interesse ist.

Der Duft des Sagebrush ist süß und würzig. Eine sanfte Brise umschmeichelt uns und macht diesen Tag, der sonst ziemlich heiß geworden wäre, einfach perfekt. Durch das Fernglas haben wir eine Gruppe Mustangs entdeckt, die etwa 200 Meter entfernt ist, und das Gute ist, sie haben uns nicht bemerkt. Unser Plan ist, etwas nach links zu gehen, um einen kleinen Bestand von Juniper-Bäumchen zwischen uns und die Pferde zu bringen, um näher herankommen zu können.

Je näher wir kommen, desto mehr müssen wir darauf achten, beim Anpirschen kein Geräusch zu machen, das uns verraten könnte. Alles ist so trocken, und ein knackender Zweig könnte schon ausreichen, um die Pferde zu alarmieren.

Jetzt sind wir an den Bäumchen angekommen und schauen vorsichtig zwischen den Zweigen durch. Es ist uns gelungen, die Entfernung zu den Pferden etwa zu halbieren, und von hier aus können wir mit dem Teleobjektiv recht gute Fotos machen. Die Pferde sind allerdings ein wenig nervös geworden. Sie scheinen zu ahnen, daß etwas nicht geheuer ist. Vielleicht haben sie ein Geräusch gehört (die Auslöser der Kameras?), vielleicht studieren sie auch, ob dieser oder jener Schatten in den Bäumen wirklich dorthin gehört. Es ist besonders eine alte Stute, die ganz mit dem Grasen aufgehört hat und unverwandt in unsere Richtung starrt. Die anderen machen es ihr ab und zu nach, nehmen aber meistens den Kopf gleich wieder herunter und suchen zwischen Sagebrush und Kakteen nach Freßbarem.

Wie großartig sie aussehen zwischen dem Sage Brush und den Sträuchern, mit dem klaren, blauen, scheinbar grenzenlosen Himmel darüber. Wie nobel sie in Ausdruck und Gebäude sind, und der Wind spielt in ihren langen Mähnen und Schweifen.

Jetzt schnaubt die alte Stute und geht ein paar Schritte zurück. Ein markanter Kopf taucht hinter der Gruppe von Stuten und Fohlen auf. Der Hengst. Er blickt jetzt auch intensiv in unsere Richtung und hält die Nase in den Wind. Die alte Stute und zwei oder drei der anderen Stuten bewegen sich von uns weg und etwas zur Seite, um einen anderen Blickwinkel zu bekommen. Zwei junge Stuten heben kurz ihren Kopf, um ihn dann gleich wieder zu senken und weiter zu grasen. Der Hengst kommt im Stolztrab auf uns zu, den Hals aufgewölbt, die Nase senkrecht, und plaziert sich zwischen uns und die Stuten. Dort stellt er sich wieder auf, mit hohem Kopf, geblähten Nüstern, starrenden Augen. Ein weiterer Hengst macht es ihm nach, bleibt aber etwas hinter dem dominanten stehen. Er benimmt sich ebenso wie der Chef, wenngleich sein Gebaren nicht ganz so protzig ist. Keine Frage - beide sind bereit, diesen Harem nötigenfalls zu verteidigen.

Die ganze Truppe flieht nun ein Stück, einfach um kein unnötiges Risiko einzugehen, wobei die beiden Hengste die Nachhut bilden. Nach vielleicht dreißig Metern bauen sich die Hengste erneut auf, und die Stuten entspannen sich ein wenig.

Durch unser Fernglas beobachten wir sie noch etwas länger. Indem wir uns zurückziehen, können wir es nicht vermeiden, daß uns die Pferde von da, wo sie sich jetzt befinden, zu sehen bekommen. Als sie uns klar erkennen können, kommen sie alle in Bewegung. Sie laufen erneut los, weniger direkt von uns weg, als mehr zur Seite, fast einen Halbkreis beschreibend, ab und an stehenbleibend, um zu sichern, starrend, schnaubend. Ein oder zweimal trabt der dominante Hengst mit Imponiergehabe ein paar Takte auf uns zu, versucht uns einzuschüchtern, immer bereit, herumzuwirbeln und seinen Harem davon zu jagen und in Sicherheit zu bringen.

Nach ein paar Minuten sehen wir, als wir zurückschauen, daß die Pferde endgültig davonlaufen - sie müssen jetzt schon mindestens eine halbe Meile entfernt sein und laufen noch immer.

Wir fangen zu überlegen an, und dann diskutieren wir. Haben wir ein Recht, so einzudringen? Haben wir ihnen geschadet, indem wir ihr Fressen unterbrochen haben, sie gezwungen haben, unnötig Kalorien zu verbrauchen? Wenn nun viele Menschen dasselbe täten?

Wenigstens haben wir uns bemüht, die Beunruhigung so gering wie möglich zu halten.

Aber was für ein Erlebnis das war!

DIE GESCHICHTE DER AMERIKANISCHEN MUSTANGS

Mustangs - Schatz oder Schädlinge?

Vor etwa 200 Jahren gab es Millionen von Mustangs in Nordamerika. Als die Rancher und Settler sich im letzten Jahrhundert nach Westen ausbreiteten und dabei mehr und mehr Land für ihre Zwecke vereinnahmten, wurde die letzte Stunde für die Mustangs eingeläutet. Besonders die Rancher betrachteten die Mustangs als Plage und als Futterkonkurrenten ihres Weideviehs. Rancher, welche ihr Gebiet mit zuviel Vieh übergrasten, gaben den Mustangs die Schuld am mangelnden Futter. Sie töteten Hunderttausende von ihnen, indem sie sie einfach abschossen. Die Mustangs mußten sich in Gebiete zurückziehen, die als Weideland unattraktiv waren oder zumindest so schlecht zugänglich, daß es sehr schwer war, sie zu verfolgen.

Wer allerdings den amerikanischen Westen bereist wird feststellen, daß es kaum eine Gegend gibt, die öde und wüstenartig genug ist, als daß sie nicht von jemand eingezäunt würde, damit Rinder oder Schafe darauf laufen können.

Kriege bedeuteten früher, daß riesige Mengen an Pferden gebraucht wurden, und so wurden viele Tausende Mustangs gefangen und gingen als Remonten in den Burenkrieg in Südafrika oder auch in den Ersten Weltkrieg.

Mustangs wurden mit verschiedenen Methoden gefangen. Manchmal fing man sie mit dem Rope (Wurfseil). Dazu mußten sie überrascht werden, oder man mußte sie mit einer Reiterstaffel, die sich mit immer wieder frischen Pferden ablöste, so lange jagen, bis die Tiere so erschöpft waren, daß ein Reiter dicht genug herankommen konnte, um einem Tier das Rope überwerfen zu können. Andere versuchten, einen Streifschuß über dem Widerrist zu plazieren, wodurch ein Pferd umgeworfen und so benommen wurde, daß man es

Mustangs gibt es in allen Färbungen, die bei Pferden möglich sind

schnell fesseln konnte. Natürlich traf man nicht immer genau, und viele Pferde wurden getötet oder verkrüppelt. Die erfolgreichste Methode war gewöhnlich, die Mustangs in einen getarnten Pferch zu treiben. Wo die Bedingungen es zuließen, konnten sie an einer Wasserstelle gefangen werden, indem man einen Zaun darum baute und ihnen eine Öffnung ließ und etwaige andere Wasserstellen abzäunte. Wenn die Pferde schließlich gezwungen waren, zum Saufen in die Umzäunung zu kommen, wurde die Öffnung geschlossen.

Einmal gefangen, wurden die Mustangs nicht selten apathisch, verweigerten die Nahrungsaufnahme und gingen ein. Andere waren so wild und aggressiv, daß sie nie gezähmt werden konnten.

Trotz der beständigen Verfolgung und Abschlachtung in großem Rahmen und trotz des immer kleiner werdenden Lebensraumes überdauerten die Mustangs in Stückzahlen, die nach wie vor von den Ranchern als Bedrohung der Weidegründe angesehen wurden, selbst in den unwirtlichsten und unzugänglichsten Gebieten. Massenweise wurden sie getötet und zu Hunde-, Katzen- und Hühnerfutter verarbeitet. Dabei wurden Flugzeuge und Hubschrauber sowie Allradfahrzeuge zum Zusammentreiben eingesetzt. Die Tiere wurden beim Treiben, Fangen, Abtransportieren und Schlachten absolut grausam behandelt, und das brachte schließlich die Bevölkerung auf.

Der „Taylor Grazing Act“ von 1934 sollte die Weiderechte auf Bundesland regeln und war von der Lobby der Viehzüchter beeinfluß worden. Das Gesetz führte allein im Bundesstaat Nevada zur Eliminierung von 100.000 Mustangs!

Eine Interessensgemeinschaft zum Schutz der Mustangs formierte sich, geführt von Velma Johnson aus Reno, Nevada, die den Spitznamen „Wild Horse Annie“ bekam. Durch die Bemühungen von „Wild Horse Annie“ und ihren Aktivisten wurde die Bevölkerung auf die Grausamkeiten aufmerksam, die den Mustangs angetan wurden, und 1959 wurde schließlich ein Gesetz beschlossen, das als „Wild Horse Annie Act“ bekannt wurde. Es verbot den Einsatz von Luftfahrzeugen und Motorfahrzeugen beim Treiben von Mustangs auf Bundesland. Allerdings konnten Mustangs immer noch auf dem Land gejagt werden, das den

Ständige Wachsamkeit und Fluchtbereitschaft ermöglichten den Mustangs das Überleben

Bundesstaaten oder Landkreisen gehörte, und so nahmen die Bestände weiter ab, bis die Mustangs auszusterben drohten.

Mehr als zehn Jahre später reagierte aber der U.S. Congress auf den öffentlichen Druck, den Artikel über die Lage der Mustangs in so großen Publikationen wie New York Times, National Geographic, Time und Reader's Digest hervorgerufen hatten, und 1971 wurde endlich ein Gesetz verabschiedet, das wirklich eine durchgreifende Verbesserung für die Mustangs brachte: der „Wild Free - Roaming Horse and Burro Act". Danach wurde das Jagen, Zusammentreiben, Belästigen und Töten von wildlebenden Pferden und Eseln auf sogenannten Public Lands, also Staatsland, verboten, ebenfalls das Abtransportieren derselben. Das Gesetz unterstellte diese Landgebiete mit allem was da kreucht und fleucht dem Bureau of Land Management (BLM). Man schätzte, daß der Gesamtbestand an Mustangs zu dem Zeitpunkt nur noch etwa 17.000 Tiere zählte. Nunmehr, wo es einen effektiven Schutz gab, erholten sich die Herden schnell. Diese Pferde waren immerhin in der Lage gewesen, sich zu einer Zeit stark zu vermehren, als sie auf dem Kontinent noch viele natürliche Feinde hatten, wie Wolf, Bär und Puma, die inzwischen aber ebenfalls ausgerottet oder stark dezimiert waren. Die Mustangbestände erholten sich darum rasch. Ihr Überlebenskampf reduziert sich heute weitgehend darauf, auf kargem Land Futter zu finden, sich in unwegsamem Gelände die Beine nicht zu brechen und extremen Witterungsunbilden zu trotzen. Innerhalb von einem Jahrzehnt stieg ihre Zahl auf etwa 55.000!

Vor wenigen Minuten eingefangene Mustangs - einige haben die ganze Prozedur vor Jahren schon einmal oder mehrmals mitgemacht und regen sich nicht sehr auf, solange man nicht zu nah an den Zaun herantritt. Sie helfen jüngeren Herdenmitgliedern, die sich an ihnen orientieren, mit der Situation besser fertig zu werden

Abermals stellten sie eine Bedrohung für andere Wildtiere dar - Hirsche, Antilopen, Wildschafe, Bisons - und natürlich auch für die Viehzüchter. Rancher und Farmer werden nie aufhören, sich über Wildschäden zu beschweren. Dabei sind die Public Lands nicht etwa Ranchland oder Farmland, sondern sie sind Land, das allen U.S.-Bürgern gemeinsam gehört und vom Staat verwaltet wird. Traditionell haben Rancher aber Weiderechte dort, und der Kampf um diese Weiderechte dauert ständig an.

In Amerika ist das anders als bei uns. Für uns wäre es eher ungewöhnlich, in einem Wald Rinder, Pferde, Schafe oder Ziegen anzutreffen. Abgesehen von den Nationalparks gibt es in Amerika aber kaum ein Gebiet unterhalb der Baumgrenze, das nicht als Weideland genutzt wird. Das bedeutet auch, daß so ziemlich alles eingezäunt ist, ob Wald, ob Wüste oder Weide.

Rancher kämpfen also beständig darum, wieviele Weidetiere sie auftreiben dürfen. Wenn alle Mustangs entfernt würden, so meinen sie, hätten sie die Möglichkeit, dort mehr Weidevieh laufen zu lassen. Das ist aber durchaus nicht logisch - eigentlich würde das zunächst einmal nur bedeuten, daß mehr Hirsche, Antilopen, Wildschafe, Bisons usw. Futter finden würden.

Selbst in Amerika mit seinen riesigen Weiten geht es im Grunde um denselben Konflikt, der überall auf der Welt ein Problem darstellt: Es muß ein Kompromiß gefunden werden zwischen den unterschiedlichen Interessen der menschlichen Gesellschaft und ökologischen Interessen (wobei letztere natürlich auch im Interesse der menschlichen Gesellschaft sind). Snowmobil-Fahren, Skilaufen, Off-Road-Fahren, Bootsfahren, Campen und zahllose andere Freizeitbeschäftigungen wirken sich negativ auf die Natur und die Wildtiere aus. Hirsche und anderes Wild wiederum werden von Viehzüchtern ebenso als Bedrohung gesehen wie die Mustangs, und die Rancher werden immer dagegen zu Felde ziehen. Die Debatte über pro und contra Mustangs ist noch nicht beendet. Auf der einen Seite stehen viele leidenschaftliche Leute, die in ihrem Drang, die Mustangs zu schützen, die legitimen Rechte anderer ignorieren und nur von ihren Gefühlen angetrieben werden. Auf der anderen Seite haben wir z.B. die Rancher, die in den Mustangs nichts anderes als Futterkonkurrenten sehen können.

Wirkliche Pferdeleute, die feststellen, daß die Mustangs nichts anderes sind als schlechte, oft sogar wertlose Pferde und zugleich darauf hinweisen, daß es keinen Sinn macht, sie zu beschützen, wenn es gleichzeitig einen Überfluß an gutgezogenen Pferden gibt, von denen unzählige beim Schlachter landen, haben ein Argument, das sich nicht einfach abtun läßt.

Rancher, die aufgrund extrem starker Populationen von Mustangs oder anderen Wildtieren zu leiden haben, sorgen sich gewiß zu recht um ihr Vieh, d.h. um ihre Existenz.

Darum muß das BLM die Zahl der Mustangs kontrollieren. 1973 startete das BLM dazu das Adopt-A-Horse or Burro Program, durch das die überschüssigen Mustangs auf humane Art vom Public Land entfernt werden. Durch die Adoptionen werden die gefangenen Mustangs in private Hände gegeben. Auf diese Weise wurden bislang über 150.000 Pferde „entsorgt".

Die überschüssigen Pferde müssen entfernt werden, denn Wasser, Vegetation und Boden dürfen im Interesse anderer Wildtiere und auch der Weidetiere nicht übermäßig belastet werden. Besonders in den trockenen, wüstenartigen Gegenden des Westens ist die Erosion ein ernstzunehmender Faktor. Auch das Wohlergehen der Mustangs selbst hängt davon ab, daß das Land nicht überbeansprucht wird. Das BLM muß also eine Balance finden zwischen all den verschiedenen Anforderungen und arbeitet darum für jeden Bereich einen strategischen Plan aus und hat für jede Mustang-Population einen „Herd Management Plan", der auch die Mindest- und Höchstzahlen des Bestandes festlegt.

Das Adopt-A-Horse Program ist recht erfolgreich. Jedes Jahr finden eine Reihe von Zusammentrieben überall im Westen statt, die Pferde werden dann auf Sammelstellen untersucht, entwurmt, geimpft, ggf. kastriert, mit einem Gefrierbrand gekennzeichnet, registriert und dann für 125,- $ zur Adoption freigegeben. Man verpflichtet sich, das Pferd gut zu versorgen und ein Jahr lang Kontrollen zuzulassen. Nach einem Jahr allerdings geht das Pferd in den Besitz des Adoptierers über, wenn dieser keinen Anlaß zur Beanstandung gegeben hat, der dann mit ihm machen kann, was er will. Auch die Versteigerung gegen Höchstgebot ist neuerdings möglich.

Natürlich hat das BLM auch mit Pferden zu tun, die keine Adoptierer finden können, weil sie verkrüppelt, zu alt, zu häßlich oder zu wild sind.

Das BLM steht unter einem gewissen Druck; es muß einmal die überschüssigen Pferde entfernen und zum anderen möglichst bald Adoptierer dafür finden, damit die gefangenen Pferde nicht unnötig lange auf Kosten von Steuergeldern in den Corrals bleiben. Der Erfolg der einzelnen BLM-Niederlassungen wird also auch daran gemessen, wie adoptierfähig die Pferde sind, die sie liefern, darum versuchen sie unter Umständen, dieselben „aufzuarten" - ein hübsches und weniger wildes Pferd ist leichter an den Mann zu bringen. Das Management beschränkt sich also manchmal nicht nur darauf, die Kopfzahlen zu kontrollieren, sondern es wird Einfluß genommen auf Größe, Farbe und Typ der Pferde. Das ist durchaus verständlich und nicht gegen das Gesetz, ist aber auch ein Schritt in Richtung Domestikation bzw. Zucht.

Eine andere Methode, die auch z.T. angewandt wird, sind Empfängnisverhütungs-Injektionen. Wildstuten werden zusammengetrieben, gefangen, gespritzt und wieder freigelassen. Sie paaren sich dann, ohne jedoch tragend zu werden - eine Manipulation, die sicher nicht mit den Vorstellungen vereinbar ist, die man sich von einem Wildpferd macht.

Dies sei erwähnt, um aufzuzeigen, was das tatsächlich oft für Pferde sind, die dort draußen frei herumlaufen. Sie entsprechen nicht unbedingt den (Traum-)Vorstellungen, die sich viele davon machen. Was für ein Wildpferd ist das noch, das auf solche Art manipuliert wird?

Manche Herd Management Areas (die Mustang-Bestände sind in Herd Management Areas aufgeteilt) sind so unzugänglich, daß die zuständigen BLM-Leute es kaum schaffen können, auch nur die Kopfzahlen klein genug zu halten. Dort ist man froh, wenn man überhaupt welche fangen kann. Nevada hat bei weitem die meisten Mustangs; eine Auswahl findet dort kaum statt, und man hat alle Mühe, die Bestände unterhalb des Limits zu halten. Anfang des Jahrhunderts gab es 36.000 Mustangs in Nevada, für das ein Bestand von 14.500 als angemessen gilt. Anfang 1996 waren es 24.000, Ende 1996 etwa 20.000.

Ein gegenteiliges Beispiel ist Oregon, wo es verschiedene lokale Herden gibt, die sich in Typ und Färbung unterscheiden - nicht zufällig, sondern gezielt gesteuert. Das Management der Kiger Mustangs wurde in einer Weise betrieben, die schon an Zucht grenzt, ob zum Guten oder zum Schlechten ist eine andere Frage. Sie sind aber auch die begehrtesten, und die Adoptierer stehen Schlange - das Angebot kann die Nachfrage nicht befriedigen.

Aber wie soll das BLM solche Pferde loswerden, die nicht adoptierfähig sind, weil sie zu alt, zu wild oder verkrüppelt sind? Die Frage muß erlaubt sein, ob es wirklich zu verurteilen ist, wenn solche Tiere, unter hohem Kostenaufwand eingefangen, auf humane Weise eingeschläfert werden.

Die meisten Mustang-Herden bestehen tatsächlich aus verwilderten Pferden von minderer Qualität. Ein wildes Tier sollte aber nicht in der Art beurteilt werden. Wie Bill PHILLIPS, ehemaliger BLM Agent ganz richtig sagt: „Ein Wildpferd muß nicht schön sein, und es muß nicht brauchbar sein. Alles, was ein Wildpferd können muß, ist überleben und sich fortpflanzen." Man muß aber dabei im Auge behalten, daß wir es nicht mit einer einheimischen Wildtierart zu tun haben, wie zum Beispiel dem Maultierhirsch, dem Wapiti-Hirsch, der Gabelantilope oder dem Bighorn-Schaf. Mustangs sind verwilderte Hauspferde; manche stammen nicht nur von Hauspferden ab, sondern ***sind*** Hauspferde, die entliefen oder ausgesetzt wurden, tragen u.U. sogar ein Brandzeichen. Das ist hauptsächlich die Sorte Pferd, mit der wir es zu tun haben.

„Wilde, freilebende Pferde und Esel sind lebende Symbole des historischen Pioniergeistes des Westens...Sie tragen zur Vielfalt der Lebensformen in der Nation bei und bereichern das Leben der amerikanischen Menschen."
U.S. Congress, Dezember 1971

Das Merkwürdige ist: Solange ein Pferd im Haustierstand ist, macht es niemandem etwas aus, ob es verkauft oder geschlachtet wird, und nur wenige kümmern sich darum, ob man es human behandelt. Sobald dasselbe Pferd frei ist und wild lebt, wird ein großes Aufhebens darum gemacht, soll es getötet werden, selbst dann, wenn dies Sinn macht. Betrachten wir die verwilderten Pferde wie eine Wildtierart (was sie ja

Ein eher spät geborenes Kiger-Fohlen folgt emsig seiner Mutter

nicht sind), dann muß man erst recht sagen: Es gibt eine Jagdsaison für Hirsche, Rehe, Hasen usw., zu welcher diese Tiere geschossen werden. Und obwohl es Menschen gibt, die sich dagegen wenden (ohne sich Gedanken um die Konsequenzen zu machen, wenn die Dezimierung unterbleiben würde), wird dies doch weithin von der Bevölkerung akzeptiert. Warum soll für Mustangs etwas anderes gelten? Wo es zuviele gibt - und in vielen Gebieten *gibt* es zuviele -, sollte das BLM autorisiert sein, sie zu entfernen, egal wie, solange es auf humane Weise geschieht. Es kann wesentlich humaner für ein wildes Pferd sein, besonders für ein älteres, wenn es abgeschossen wird, als wenn es gehetzt, gefangen und abtransportiert werden muß, wobei es enormem Stress ausgesetzt ist und sich außerdem schwer verletzen kann.

Dieselben Menschen, die das Töten von Mustangs vehement bekämpfen, besitzen vielleicht einen Hund oder eine Katze und machen sich keine Gedanken darüber, woher das Fleisch kommt, das sie denen verfüttern (oder ob es unter tier-

quälerischen Verhältnissen erzeugt wurde), oder wo das Fleisch herkommt, das sie selbst verzehren.

Wenn wir uns dazu bekennen, daß Tiere sterben müssen, um uns und unsere Haustiere zu ernähren, so sollten wir keine Heuchler sein und für alle Tiere dieselben Maßstäbe anlegen. Selbst jene von uns, die sich rein vegetarisch ernähren und keine Tiere halten, müssen einsehen, daß die Zahl aller Wildtiere kontrolliert werden muß, da wir die natürlichen Feinde weitgehend ausgerottet haben.

Wenn wir das ganze Land Mutter Natur überlassen und gar nicht mehr eingreifen würden, dann würde die allerdings alles regeln. Mutter Natur ist aber grausam. Es macht ihr nichts aus, wieviele Pferde leiden, weil sie verhungern, verdursten, erfrieren oder von Raubtieren erlegt werden. Wolf, Bär und Puma würden sich wieder vermehren, und bis deren Zahl groß genug wäre, würden die Populationen der wilden Pferde und anderer Tiere explodieren. Schließlich würden Seuchen, Raubtiere und Futterknappheit die Wildtierbestände wieder auf ein Maß gebracht haben, welches das Land ernähren kann. Das Konzept können wir aber vergessen, denn die Menschen wollen weiterhin auf der Erde leben. Und sie wollen sich auch sicher fühlen. Sie wollen keine ausreichende Menge an Wölfen,

Bären und Raubkatzen da draußen... Sie gehen schon auf die Barrikaden, wenn ein kleiner Kojote eine Katze getötet haben sollte!

Es ist richtig, die Mustangs zu schützen. Aber man kann trotzdem unvoreingenommen und sachlich dabei bleiben.

Ein Synonym für Ausdauer

Amerikanische Mustangs haben sich auf fast alle erdenkliche Weise bewährt. Nicht nur, daß mit ihrer Hilfe der Westen gewonnen und die Ranch-Industrie aufgebaut wurde, viele sind in jüngerer Zeit auch zu geschätzten Freizeitkameraden für Reitaktivitäten in der Natur und auf dem Turnier geworden. Ein Buch über Mustangs könnte aber nicht komplett sein ohne daß die hervorstechende Eigenschaft dieser harten Pferde gewürdigt wurde: ihre Ausdauer.

Distanzritte und -rennen sind ein wichtiger Teil des Pferdesports und wahrscheinlich die Disziplin, die nicht nur der Natur des Pferdes am meisten entspricht, sondern in der auch der Gesundheit und dem Wohlbefinden des Pferdes der höchste Stellenwert beigemessen wird. Mustangs waren in diesen Wettbewerben sehr erfolgreich, obwohl sie nicht den Nimbus haben wie z.B. die Araber, die bei den amerikanischen Distanzreitern am höchsten im Kurs stehen.

Wie überlegen die Ausdauer des amerikanischen Mustangs ist, wurde von Frank T. Hopkins besser als von jedem anderen demonstriert. Dieser Old-timer gewann Ende des vorigen Jahrhunderts über 400 Ausdauerrennen, und meistens ritt er Mustangs. Bei einem Ritt bewältigte er z.B. die 1.800 Meilen zwischen Galveston in Texas und Rutland in Vermont in 31 Tagen, zwei Wochen weniger als der Zweitplazierte. 1893 nahm er an einem 1.000-Meilen-Rennen teil, das von Kansas City in Missouri nach Chicago ging. Diese Entfernung schaffte er in 12 Tagen und 6 Stunden, aber er war der einzige Teilnehmer, der den gesamten Ritt durchgehalten hatte.

Hopkins Reputation erreichte einen internationalen Rang, und so wurde er 1889 zu einem 3.000-Meilen-Rennen eingeladen, das durch die Arabische Wüste ging.

Dieser Wettbewerb sollte zum ultimativen Test werden, nicht nur für Hopkins, sondern auch für den amerikanischen Mustang. Er hatte eine tausendjährige Tradition und war immer von einem Araberpferd gewonnen worden. Frank Hopkins schlug die Araber, und er schlug sie mit einem Mustang namens Hidalgo. „Horse Lover" brachte im Juni 1962 einen Bericht von Anthony A. Amaral. über dieses Rennen Dort schrieb dieser:

„Etwas mehr als einhundert Pferde starteten in Aden bei diesem Ritt. Die große Karawane erfahrener arabischer Reiter ritt ihre besten Pferde. Sie waren temperamentvoll, gewöhnt an die Tücken des Sandes, gewöhnt an die Sonne, die erschöpfende Hitze auf sie niedersprühte. Selbst in der Masse der Reiter fiel Hopkins mit seinem gescheckten, 900 Pfund schweren Hidalgo von den amerikanischen Plains auf. Hopkins hielt Hidalgo in einem stetigen Tempo, als es durch die trockene Hitze und über den sandigen Boden ging. Der Marsch ging zum Persischen Golf und hoch in Richtung Syrien, dann weiter entlang der Grenze von Irak und Arabien. Jeden Tag starteten die Reiter mit dem Aufgang der Sonne und folgten ihr, bis sie ihr entgegen zogen. Zum Ende der ersten Woche hatten der Wassermangel und die magere Diät, von der die Pferde in dem öden Land existieren mußten, die untauglichen Pferde ausgemerzt. Die langgezogene Linie die Reiter wurde täglich kürzer.

Am Beginn der zweiten Woche des grausamen Trecks übernahm Hopkins die Initiative und begann, die anderen Wüstenreiter zu überholen. Hochgeschätzte Araberpferde der Beduinen fielen immer weiter in dem Sand zurück, der von Hidalgos Hufen aufgewirbelt wurde, während dieser ein beständiges Tempo beibehielt.

Am achtundsechzigsten Tag ritt Hopkins seinen Hidalgo zum Zielstein und ließ dreitausend verbrannte Meilen hinter sich."

Der Mustang, ein Schecke von der Sioux-Reservation, gewann mit 33 Stunden Vorsprung gegenüber dem zweitplazierten Pferd. Die Frage ist berechtigt, ob es je ein Pferd auf der Erde gegeben hat, dessen dokumentierte Leistung an die von Hidalgo heranreichte.

Frank T. Hopkins hat bewiesen, daß Mustangs mit entsprechendem Training und entsprechender Pflege zu den besten Langstreckenpferden der Welt gehören, vielleicht sogar die besten sind.

Entwicklung und Niedergang der Mustangs

Die meisten Pferdefreunde wissen, daß Mustangs von spanischen Pferden abstammen. Die spanischen Eroberer brachten eine beträchtliche Zahl von Pferden in die Neue Welt, wo sie sie dann in noch größerer Zahl züchteten. Entlaufene Exemplare dieser Pferde, zusammen mit solchen, die später von Indianern gestohlen wurden, waren das Ausgangsmaterial für die Tausende, ja Millionen von Mustangs, die einmal von Mexiko bis Kanada und von der Westküste Amerikas bis zu den englischen Kolonien im Osten verbreitet waren.

Nachdem die spanischen Mustangs das riesige Land, das heutzutage überwiegend „Vereinigte Staaten von Amerika" genannt wird, erobert hatten, fand eine weitere Eroberung statt, nämlich die durch Nordeuropäer, welche sich von der Ostküste aus westwärts bewegte. Die Pferde, die von den Nordeuropäern mitgebracht wurden, waren - zumindest teilweise - anderer Herkunft. Natürlich entliefen auch einige ihrer Pferde bzw. wurden von Indianern erbeutet. Es begann ein Vermischungsprozeß, der in späteren Jahren verstärkt wurde, als Farmer und Rancher in Notzeiten ihre Unternehmungen aufgeben mußten und ihre Pferde einfach freiließen bzw. auch dadurch, daß sie ihre Cowboys mit gefangenen Mustangs beritten machten und sie darum versuchten, die Mustangs größer zu machen, indem sie Zuchthengste verschiedener Rassen freiließen.

Es ist aber in diesem Zusammenhang wichtig, festzuhalten, daß die Mustangs einmal alle spanischer Abstammung waren und daß der Verkreuzungsprozeß erst später einsetzte, vor etwa 150 Jahren.

Es ist ebenfalls wichtig, daß Mustangs eine bedeutende Rolle bei der Eroberung des Westens gespielt haben. Zunächst einmal muß gesagt sein, daß die Zivilisation nicht erst mit den Nordeuropäern nach Nordamerika kam, sondern die Spanier brachten sie nach Mexiko und in die Gebiete, die später Kalifornien und andere Südweststaaten wurden. Das taten sie mit Hilfe der spanischen Pferde. Später halfen die eingefangenen und gezähmten spanischen Mustangs, die „Spanish Cow Ponies", den Westen für die Nordeuropäer zu gewinnen. Es waren diese spanischen Mustangs, die von den Mountain Men geritten wurden, auf denen die Rinderherden gehütet wurden, von denen viele als Reittiere der U.S. Kavallerie eingesetzt wurden und die die Rinder in den langen Viehtrieben zu den Verladebahnhöfen brachten. All das möchten manche heute dem Quarter Horse zuschreiben, aber die eigentliche Eroberung fand auf den Rücken zäher Mustangs statt.

Das Quarter Horse, das, nebenbei gesagt, viele seiner Qualitäten dem spanischen Mustang verdankt, trat erst viel später in Aktion. Es ist eine amerikanische Rasse, die im Osten, in den englischen Kolonien, als Arbeits- und Rennpferd begann und von dort seinen Weg nach Westen fand. Es gründet sich auf Indianerpferde (die ebenfalls spanischer Herkunft waren), englische Ponies und Pferde, die als Vorläufer des Englischen Vollbluts bezeichnet werden können (die Rasse Vollblut war damals noch nicht begründet worden). Später hatte das Englische Vollblut starken Einfluß auf das Quarter Horse. Zur Zeit der großen Viehtriebe ritten die Cowboys in erster Linie noch auf den gewöhnlichen „Spanish Ponies". Das Quarter Horse wurde erst wesentlich später überall im Westen als Ranchpferd beliebt.

Darum hat das spanische Pferd bzw. der spanische Mustang seinen rechtmäßigen Platz in der Geschichte Amerikas. Er hat außerdem auch noch andere amerikanische Rassen beeinflußt, wie den Paint, den Appaloosa und den Morgan.

Der Einfluß, den der spanische Mustang auf viele nordamerikanische Indianervölker hatte, kann mit dem des Automobils und des Flugzeugs in unserer Kultur und Gesellschaft verglichen werden. Er machte aus Jägern und Farmern stolze und wilde und mobile Herren der Prärien - manche Stämme ritten in ein völlig neues Leben auf dem Rücken dieser spanischen Mustangs.

Mustangs haben später ein schlechtes Image bekommen. Sie wurden und werden weithin als „Kroppzeug" betrachtet, ungenügend im Gebäude und von begrenzter Gebrauchsfähigkeit. Das rührt her von den Verkreuzungen und daher, daß sie in die entlegensten und unfruchtbarsten Gegenden zurückgedrängt wurden, wo sie unterernährt aufwuchsen. Ihre Populationen waren teilweise nicht groß genug, um Degenerationen durch Inzucht zu vermeiden. Viele Mustangs leben auch heute noch in Wüsten- oder kargen Bergregionen und sind unterentwickelt aufgrund von Unterernährung und harten Witterungsbedingungen. Auch heute noch entwickeln sich Mustangs, die jung gefangen und bei guter Pflege aufgezogen werden, zu größeren, besser aussehenden Pferden.

Es gibt zumindest einige Berichte von Männern, welche die wilden Mustangherden gesehen haben, bevor das Land ausgebeutet wurde und bevor die Pferde durch die Einkreuzungen ihren Typ weitgehend verloren hatten. Sie beschrieben die Pferde als prächtige Tiere.

Im Sorraia-Typ stehender Kiger-Hengst, ramsköpfig, langbeinig und mit hohem Widerrist

Als der Weiße Mann die Ausrottung der Indianer fast komplettiert und den Westen eingenommen hatte, hatten die verbliebenen Mustangs überwiegend ihren Typ verloren und waren eine Mischung von domestizierten Pferden verschiedenster Herkunft, einschließlich Kaltblütern. Man kann natürlich argumentieren, daß auch diese degenerierten Mischlingspferde einen Teil der amerikanischen Geschichte darstellen, schließlich ist ja nicht zu leugnen, daß sie existierten und existieren. Fast alle heutigen Mustangs sind solche Tiere - undefinierbare Kreuzungen, welche das traurige Ende der Geschichte der Mustangs darstellen.

DER SPANISCHE MUSTANG

Obwohl ein großes öffentliches Aufbegehren für die wilden Pferde 1971 zum Wild Free-Roaming Horse and Burro Act und damit - zumindest auf dem Papier - zum Schutz dieser Tiere auf Staatsland führte, wurde nur einer kleinen Zahl amerikanischer Bürger klar, daß das, was den amerikanischen Mustang wirklich ausmacht, trotzdem im Begriff war, verlorenzugehen.

Begegnung mit einer Mustang-Herde in den Jackass Mountains in Oregon
Linke Seite oben: Die Herde hat uns bemerkt und flieht. Der Hengst läuft an der Flanke und hat sich zwischen uns und seinen Harem positioniert
Darunter: Da das Gelände sehr weitläufig und offen ist, kommt die Gruppe in einiger Entfernung zum Stehen und sichert. Vorn ist der Hengst - wieder zwischen seinem Harem und uns, der potentiellen Gefahr

Oben links: Jetzt kommt der Hengst auf uns zu, versucht, uns mit Stolztrab und Kopfschlenkern einzuschüchtern
Oben rechts: Da wir uns neutral verhalten, zieht er nach ein paar Minuten wieder ab...
Unten: ...um nun die ganze Herde außer Sichtweite zu treiben

Die Bevölkerung empörte sich dagegen, daß die wilden Herden belästigt oder sogar beseitigt und getötet wurden, sie wußte aber nicht, was für Pferde sie vor der Vernichtung zu bewahren versuchte. Einigen Pferdeleuten, welche um die spanische Abkunft der echten Mustangs wußten, wurde aber bald die Notwendigkeit klar, daß bewahrt werden mußte, was vom Original noch vorhanden war: vom Spanish Mustang. Ihre Absichten waren ernsthaft und ehrenwert, aber ihre Informationen in mancher Hinsicht unrichtig, und ihre Bemühungen resultierten hauptsächlich darin, daß in den USA eine Reihe von verschiedenen Mustang-Verbänden gegründet wurden. Die meisten davon nehmen für sich in Anspruch, die Zucht der echten spanischen Mustangs zu betreiben.

Robert Brislawn war ein Pionier der Rettung spanischer Mustangs und gründete 1957 das Spanish Mustang Registry. Er war in seinen Bemühungen leidenschaftlich und streng in den Kriterien, nach denen er Pferde in das Registry bzw. in seine Zucht aufnahm. Leider waren einige dieser Kriterien nicht haltbar. So propagierte er die Theorie, daß ein echter spanischer Mustang nur fünf Lendenwirbel aufweisen dürfe (im Gegensatz zu den sechs, die bei den meisten Pferden zu finden sind). Er kam auf diese These, weil er davon ausging, daß die spanischen Pferde viel Araberblut führten; daß das ein Trugschluß ist, werden wir später noch sehen.

Man muß sagen, daß die Mustangs auf der Brislawn Ranch in Wyoming allgemein nicht „spanischer" aussehen oder reinblütiger als andere, oft zeigen sie sogar gewisse Kaltbluteinflüsse.

Eine Übersicht von 1996 von Zuchtverbänden für Spanish Mustangs schließt die nachstehenden ein, die alle erklären, Hüter der wahren spanischen Mustangs zu sein: Spanish Mustang Registry, Southwest Spanish Mustang Association, Spanish Barb Breeders Association, Kiger Mesteño Association, Steens Mountain Kiger Registry und Mid-West Kiger Mustang Registry*).

Die Beschreibungen des Typs, den diese Verbände züchten, bzw. die gebäudemäßigen Kriterien, welche sie anlegen bei der Beurteilung der Eintragungsfähigkeit eines Pferdes, variieren nicht sehr. Allerdings stellen diese Vereinigungen z.T. ihre Glaubwürdigkeit selbst in Frage, da sie auch Kreuzungen mit anderen Pferden registrieren. Wenn ihre oberste Priorität die Erhaltung des reinen spanischen Mustangs wäre, dann würden sie alles daransetzen, Kreuzungen zu unterbinden.

Wie auch immer - die Notwendigkeit, daß etwas für die Erhaltung der Spanish Mustangs getan werden mußte, war von denen erkannt worden, die über ihr Vorhandensein Bescheid wußten und darüber, daß sie einem anderen Schlag von Pferden angehörten als jene, die den überwiegenden Teil der Pferde ausmachen, die freilaufend gefunden wurden und

Mustang-Stute in Arizona (Spanish Mustang Registry), lt. DNA-Test eng mit dem Sorraia verwandt

werden. Wie definiert werden konnte, was ein spanischer Mustang war und was nicht, das war allerdings ein anderes Thema. Unterschiedliche Ideen und Theorien fanden Verbreitung. Konkurrenzdenken und Eifersüchteleien unter den Mustang-Verbänden waren und sind offensichtlich, ebenso unter den Anhängern und Förderern verschiedener wildlebender Mustang-Populationen, die keine eigene Zuchtorganisation haben - noch nicht.

Aber kann man auch heute noch definieren, was ein spanischer Mustang ist bzw. wie er aussehen muß? Und wenn ja, wie? Dieses Buch soll einige fundierte Grundlagen dafür aufzeigen.

Gebührt dem Spanish Mustang ein spezieller Status?

Wer vertraut ist mit der Geschichte des amerikanischen Westens und der der Mustangs weiß nicht nur, daß der Mustang ein wesentlicher Teil dieser Geschichte war, sondern auch, daß dieser Teil der Geschichte im Wesentlichen vom Spanish Mustang verkörpert wurde, nicht von dem undefinierbaren Mischling, der später das, was vom freien Weideland noch übrig blieb, bevölkerte.

Wenn wir zugestehen, daß Mustangs als Teil der amerikanischen Geschichte geschützt und erhalten werden (und das hat die amerikanische Bevölkerung ja bereits durchgesetzt), dann sollte das zuallererst für den spanischen Mustang gelten.

Das Wort Mustang stammt vom spanischen *mesteño* oder *mesteña*, das ursprünglich für besitzlose Schafe galt, später auch auf Pferde angewandt wurde, die niemandem gehörten, und schließlich für *feral horses*, wie die Mustangs offiziell genannt werden, was soviel wie „verwilderte Hauspferde" bedeutet.

Aber es geht um mehr. Es geht nicht nur um etwas, das nur für die Amerikaner und ihre Geschichte von Wert ist. In manchen der amerikanischen Mustangs finden wir die letzten Reste einer eigenen Wildpferdunterart, die von globalem Interesse und außerdem vom Aussterben bedroht ist.

*) Außer den oben erwähnten gab es noch eine Reihe weiterer Mustang-Organisationen sowie solche für Indianerpferde. Indianerpferde werden oft mit Mustangs in einen Topf geworfen. Sie ähneln den Mustangs häufig im Erscheinungsbild sehr, und manche mögen tatsächlich den Typ des spanischen Mustangs repräsentieren und sogar direkt auf solche zurückgehen. Viele Indianerpferde leben fast so wild wie Mustangs, aber wieder andere haben mit Mustangs überhaupt nichts zu tun - Indianer können sich natürlich jedes beliebige Pferd anschaffen oder ihre Pferde beliebig mit anderen paaren.

Menschen von überall auf der Welt dürfte daran gelegen sein, daß diese Art Pferd erhalten wird, und sollten versuchen, die amerikanische Regierung dahingehend zu beeinflussen, daß diese Pferde unter Schutz gestellt werden.

Was genau ist ein Spanish Mustang?

Zuerst wollen wir uns ansehen, wie verschiedene Quellen das Aussehen eines spanischen Mustangs beschreiben. Das Spanish Mustang Registry hat die Kriterien, nach denen es Pferde einträgt, wie folgt definiert:

Der Spanish Mustang ist von mittlerer Größe, zwischen 1,36 m und 1,52 m, adequat bemuskelt, hat einen kurzen Rücken, eine runde Kruppe und tiefen Schweifansatz, große Gurttiefe, schräge Schulter und einen ausreichend markierten Widerrist. Der Kopf ist von klassischem spanischem Typ - mit gerader oder konkaver Stirn und Ramsnase. Die Ohren sind gewöhnlich einwärts gekrümmt. Die Hälse haben bei den Stuten kräftige Mähnenkämme und schwere bei den Hengsten. Die Brust ist schmal, aber tief. Kastanien sind klein oder fehlen ganz. Die Beine sind knochenstark, haben gute Hufe mit dicken Wänden.

Alle Farben sind akzeptabel. (Trotzdem hat das SMR eine Regel gegen Tobiano-Schecken.*)

Spanish Mustangs haben laterale wie auch diagonale Gangarten.

Die Spanish Barb Breeders Association beschreibt ihren Standard so:

Spanish Barbs haben unverkennbare, edle Köpfe von spanischem Typ (keine Beschreibung, wie ein solcher Kopf aussieht*). *Sie haben kurze, starke Rücken und lange Mähnen und Schweife. Die Beine sind stark und gerade mit dichtgefügten Knochen* (wie können dichtgefügte Knochen als solche erkannt werden?*). *Die Hufe sind gutgeformt und bemerkenswert widerstandsfähig. Die Standardhöhe ist 1,38 m bis 1,49 m. Die Rasse gibt es in allen Farben.*

Die Kiger Mesteño Association veröffentlichte nur eine kurze Beschreibung:

Der Kiger kann beschrieben werden als ein feinknochiges Pferd, mit V-förmiger Brust, kurzem Rücken und schräger Kruppe. Kigers zeigen verschiedene Farben und Abzeichen, die als Dun-(Falb-*) *Faktor bekannt sind: Die Abzeichen schließen Aalstrich, umrandete Ohren, Zebrastreifen an den Beinen und zweifarbige Mähne und Schweif ein.*

Das Steens Mountain Kiger Registry:

Der Kiger ist von mittlerem Gebäude, etwa 1,45 m bis 1,52 m. Der Kopf soll ein gerades Profil haben, mit weit auseinanderstehenden Augen, gebogenen Ohren und feiner Maulpartie. Der Körper soll kompakt sein, mit schweren Schultern und passendem Hals. Die Hufe sind klein und überwiegend schwarz, mit dicken Wänden und hohen Trachten, ähnlich einem Maultierhuf. Die vorherrschenden Farben sind Braunfalben, Rotfalben, Graufalben und Gelbfalben, obwohl es auch Rappen, Braune und Füchse gibt. Andere Charakteristika schließen Aalstrich, Zebrastreifen an den Beinen und zweifarbige Mähne ein.

Kiger-Pferde sollen weiche Gänge mit viel Knieaktion haben.

Dr. Phil Sponenberg, Virginia, gibt diese Kriterien für den Spanish Mustang: Schräge Kruppe, tiefer Schweifansatz, Rumpftiefe, schmale Brust, von der Seite gesehen „tiefer", ramsnasiger Kopf, breite, gerade Stirn, schmales Gesicht und schmale Maulpartie von vorn gesehen, die Augen seitlich am Kopf angesetzt, kleine Ohren mit nach innen gekrümmten Spitzen, kleine oder nicht vorhandene Kastanien hinten, kleine Kastanien vorn, Tendenz zu langen Haaren am Bug und am Kinn. Alle Farben seien möglich, obwohl seiner Meinung nach ein großer Teil schwarzer und von schwarz abgeleiteter Farben dem spanischen Ursprung entsprächen. Falben mit Aalstrich, unveränderliche Schimmel (Roans), Falben ohne Aalstrich, Palominos, Sabino-, Overo- und Tigerschecken (Leopard-Komplex) seien ebenfalls gewöhnlich spanischen Ursprungs, und Schimmel und Tobiano-Schecken könnten es sein (was ist dann nicht-spanisch?). An anderer Stelle beschreibt er den Kopf so: *Gerade bis konkave Stirn (selten leicht konvex) und mit Ramsnase. Das ist der klassische spanische Kopf...*

Diese Beschreibung ist zwar etwas ausführlicher, enthält aber auch, wie wir noch sehen werden, einige Falschinformationen.

Bemerkenswert ist auch, daß die meisten Zuchtverbände für Spanish Mustangs in ihren ausführlicheren Beschreibungen konkave, geradprofilige und konvexe Kopfprofile als akzeptabel darstellen, wie auch schwerere, mittelschwere und leichtgebaute Pferde. Mit anderen Worten, es wird gebäudemäßig so ziemlich alles anerkannt, was denkbar ist.

Um nun nicht nur mehr oder weniger gute Vermutungen anzustellen, sondern in der Lage zu sein, den spanischen Typ korrekt zu definieren, müssen wir zuerst feststellen, was es denn ist, das ein Pferd „spanisch" macht.

Der Begriff „spanisch" wird in diesem Zusammenhang so gebraucht, daß die gesamte iberische Halbinsel eingeschlossen ist, d.h. die Staaten Spanien und Portugal. „Iberisch" wäre also ein angemesseneres Wort, aber „spanisch" hat sich eingebürgert.

Wie können wir nun feststellen, ob ein Mustang von spanischem Typ ist oder nicht? Wir könnten ihn einfach mit den heutigen Andalusiern oder Lusitanos vergleichen, aber diese iberischen Rassen sind seit den Tagen von Kolumbus deutlich verändert und besonders in jüngerer Zeit von anderen Rassen beeinflußt worden. Was Mustang-Leute aber gewöhnlich meinen, wenn sie vom „Spanish Type" sprechen, ist der ursprüngliche, reine spanische Typ.

Viele Mustang-Leute denken eigentlich an das Pferd der spanischen Kolonialzeit, wenn sie vom reinen Spanish Mustang sprechen, ohne sich darüber klar zu sein, daß selbst die Pferde der Spanier zur spanischen Kolonialzeit im 15. Jahrhundert nicht mehr ohne Beimischung fremden Erbguts waren, also z.T. nicht-spanische Merkmale hatten. Wenn wir aber nicht-spanische Merkmale legalisieren, nur weil es sie zur Kolonialzeit bereits gab, dann wird das ganze Thema „spanischer Typ" zur Farce. Dann ist nur noch die Frage, welche oder wieviel dieser nicht-spanischen Charakteristika man tolerieren soll, und das könnte jeder nach seinem eigenen Gutdünken entscheiden.

Wir müssen uns deshalb darauf konzentrieren, was essentiell spanisch ist, und ausschließen, was essentiell nicht spanisch ist. Was also ist „spanischer Typ"?

Grenzenlos scheint die Weite des Landes zu sein, das diesen Mustangs in Oregon Heimat ist. „Broomtails", „Besenschwänze" wurden die Mustangs mancherorts auch genannt, weil sie nicht selten nur schwach behaarte Schweife hatten

Das Problem der Ausarbeitung und Beschreibung des wirklichen spanischen Typs kann nicht gelöst werden, indem moderne iberische Pferde als Parameter herangezogen werden, sondern nur, wenn man das autochthone iberische Wildpferd, bzw. die autochthonen iberischen Wildpferde als Bewertungsmaßstab heranzieht.

Die iberische Halbinsel hatte ursprünglich zwei einheimische - und sehr unterschiedliche - Wildpferdeformen, eine im trockenen Süden, in einem vorigen Kapitel als Form III beschrieben, und eine im Norden, beschrieben als Form I.

Das einheimische Pferd - oder besser Pony - der nördlichen iberischen Regionen gehört zu einem der südlichsten Teile einer Population, die über das ganze nördliche Europa verbreitet war. Wenn wir dessen Merkmale als spanisch einstufen, machen wir wiederum aus der ganzen Diskussion um den „Spanish Type" eine Farce, denn dann wären alle typischen Ponies im nördlichen Europa - ja, inzwischen sind sie ja über die ganze Welt verteilt - automatisch von „spanischem Typ".

Das Sorraia- oder Form-III-Pferd ist die einzige Pferdeart, die im hier interessierenden Sinne wirklich spanisch - und rein spanisch (oder iberisch) - ist, dem auch der Lusitano bzw. der Andalusier weitgehend entspricht, beides Abkömmlinge des Sorraias.

Aus den erwähnten Gründen kann eine Definition des spanischen oder iberischen Typs daher neben Form-III-Merkmalen solche der Form I beinhalten, aber es sind die Form-III-Merkmale, welche die eigentlich iberischen sind. Je mehr Form-III-Merkmale ein Pferd hat, desto reiner steht es im spanischen bzw. iberischen Typ.

Genauso wichtig ist auch, daß die Form II nicht iberischen Ursprungs ist und daß jedes Form-II-Merkmal einen Mustang als nicht rein spanisch ausweist. Dasselbe gilt für Form IV, entgegen dem, was durch viele Autoren verbreitet wurde, die davon ausgehen, daß die Araber Iberien eroberten und ihre Pferde mitbrachten und so die iberische Pferdezucht beeinflußten, und von denen anscheinend immer wieder einer vom anderen abschreibt.

Unser Schluß ist also, daß das Sorraia-Pferd, als das reinste Form-III- oder iberische Pferd, unser Maßstab sein muß, wenn wir feststellen wollen, ob ein Mustang von spanischem Typ ist.

Die meisten Pferde, die bei den diversen Mustang-Stutbüchern eingetragen sind, zeigen spanische Merkmale, jedoch nur sehr wenige können als rein spanisch im Typ bezeichnet werden. Das wird sich auch nicht ändern, solange die Auswahlkriterien dieselben bleiben.

*) Anmerkungen des Autors

Wie konnte sich das iberische Wildpferd im amerikanischen Mustang bis heute erhalten?

Wie konnte das iberische Wildpferd sich unter den Mustangs in Anbetracht der Vermischungen, die in all den Jahren stattgefunden haben, überhaupt erhalten? Ist es überhaupt denkbar, daß trotz der Verkreuzungen der Mustangs mit anderen Pferden sich eine bestimmte Art mehr oder weniger rein erhalten konnte?

Offensichtlich ist genau das geschehen. Unter den wilden Mustangs hat diese Form von wilden Pferden überdauert, die sonstwo auf der Welt fast nicht mehr existiert. Wie ist das zu erklären?

Jeder, der den amerikanischen Westen ausgiebig bereist und die riesigen unbewohnten Weiten, die teilweise öden, unglaublich unwegsamen, unzugänglichen und abgelegenen Gebiete gesehen hat, der weiß, daß es bis heute große Gebiete gibt, über die der Mensch immer noch keine völlige Kontrolle hat. Das ist schließlich auch der Grund, weshalb überhaupt Mustangs generell noch nicht völlig ausgerottet werden konnten.

Es ist durchaus nicht unrealistisch, anzunehmen, daß sich bestimmte Mustang-Linien isoliert halten und Eindringlinge abwehren konnten. Private Mustang-Züchter sagen aus, daß manche Mustangs auf ihre „Art" geprägt sind. Sie akzeptieren keine anderen Pferde in ihrer Herde, ob es Mustangs sind oder nicht. Der langjährige Mustang-Züchter Manford Isley aus Joseph in Oregon, dessen Pferde überwiegend ähnlich frei wie im Wildleben auf sehr großen Flächen laufen, sagt: „Meine Kiger Mustangs halten sich möglichst für sich. Sie akzeptieren manchmal Mustangs aus anderen Gebieten, die vom selben Typ sind, in ihrer Mitte, aber nie ein Pferd eines anderen Typs."

Dasselbe wurde von Leuten berichtet, die viel Erfahrung durch das Beobachten von wildlebenden Mustangs hatten. Der Mustang-Jäger Kent Gregersen aus Marysvale in Utah sagte beispielsweise aus: „Manche Rancher ließen domestizierte Hengste frei, um den wilden Pferden mehr Größe zu geben. Aber die kleinen Mustang-Hengste töteten die domestizierten Hengste, und die die nicht getötet wurden, konnten sich nicht anpassen. Sie bekamen wunde Füße, magerten ab, schafften den Winter nicht. Die alten, originalen Blutlinien konnten sich also erhalten."

Gregersen berichtete ebenfalls, daß sich die Mustangs im spanischen Typ nicht mit Hauspferden vermischten.

Diejenigen von uns, die Pferde und ihr Verhalten nur im Haustierstand, also in Gefangenschaft kennengelernt haben, können sich leicht täuschen. Wenn man eine rossige Hauspferdestute zu einem in Gefangenschaft gehaltenen Mustang-Hengst täte - ob er nun von spanischem Typ ist oder nicht -, würde dieser vermutlich nicht zögern, diese zu decken. Was hat er sonst schon für eine Alternative, seinen aufgestauten Geschlechtstrieb auszuleben? Draußen im Wildleben ist allerdings alles anders.

Bei Gruppen domestizierter Stuten auf der Weide ist zu beobachten, daß es ihnen durchaus nicht egal ist, welches andere Pferd sie in ihrer Gesellschaft akzeptieren. Und es ist nicht ungewöhnlich für domestizierte Hengste, selbst wenn sie an der Hand decken, daß sie bestimmte Stuten „lieben" und bei anderen wenig enthusiastisch sind. Manchmal weigern sie sich sogar einfach, eine bestimmte Stute zu decken. Im Wildleben, wo ein Mustang-Hengst seinen Harem beschützen muß und wählen kann, bestimmen solche Instinkte das Leben der Pferde.

Damit soll nicht abgestritten werden, daß es Mustang-Hengste gegeben hat, die domestizierte Stuten stahlen - nicht

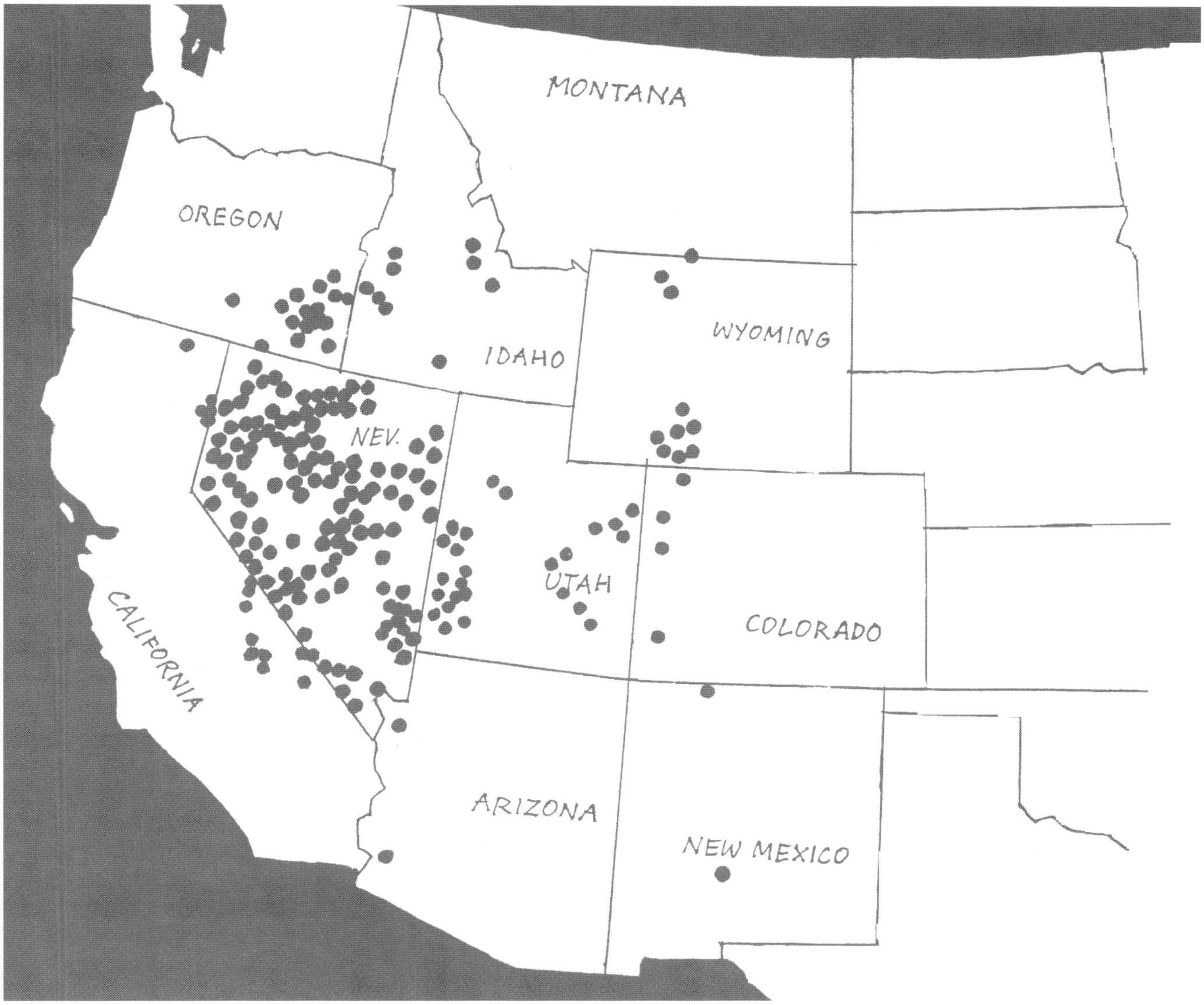

Die „Herd Management Areas" des BLM im amerikanischen Westen. Sie geben einen guten Eindruck von der derzeitigen Verbreitung der über 42.000 Mustangs, die auch heute noch (oder wieder) dort leben

alle Pferde zeigen dasselbe Verhalten. Das ist ja gerade der Punkt.

Es ist aber belegt, daß bestimmte Arten von Pferden versuchen, unter sich zu bleiben, wenn sie die Möglichkeit dazu haben.

Daß es Verkreuzungen gab und gibt, ist keine Frage. Ein junger Mustang-Hengst, der sich zum Beispiel noch keine eigenen Stuten erobern konnte und eine findet, die aus irgendeinem Grund allein und verfügbar ist, wird nicht allzu zurückhaltend sein, sie auch dann anzunehmen, wenn sie von anderem Typ ist.

Die Tierwelt ist voller Beispiele von eng verwandten Arten die, trotz ihrer engen Verwandschaft und trotzdem sie denselben Lebensraum einnehmen, ihre separate Identität beibehalten. Warum verkreuzen sich Schwarzwedel- und Weißwedelhirsch nicht? Oder die verschiedenen Luchsarten in Nordamerika? Wie sieht es mit all den verschiedenen Meisenarten aus, die in manchen Fällen nur von Experten auseinandergehalten werden können? Warum konnte es verschiedene Unterarten von wilden Truthühnern in Nordamerika geben? Genauso - und dichter beim Thema - kann man fragen: Was hindert die verschiedenen Zebraarten in Afrika daran, sich zu vermischen? Oder wieso blieb die Integrität der unterschiedlichen urzeitlichen Wildpferdearten intakt? Gewöhnlich spielen zwar geografische Verhältnisse eine Rolle, und wo sich Verbreitungsgebiete überschneiden, mag es auch Wildstandsverkreuzungen geben. Aber trotzdem bleiben selbst engverwandte Unterarten als solche bestehen. Warum sonst gibt es bis heute verschiedene Unterarten von Zebras, wenn nicht wegen der natürlichen Instinkte der Tiere, sich innerhalb ihrer Unterart zu verpaaren?

Tiere beobachten allgemein viel schärfer als Menschen, besonders zivilisierte Menschen. Sie bemerken subtile Unterschiede in Aussehen und Verhalten, die wir nicht bemerken würden, und reagieren darauf. Natürlich hat es auch im Wildstand Kreuzungen zwischen eng verwandten Unterarten aufgrund bestimmter Umstände gegeben. Im allgemeinen genügen jedoch die feinen Unterschiede in Aussehen und Verhalten, um eine Population rein zu halten.

Tatsache ist, daß in einigen Mustang-Populationen eine Form von Pferd gefunden werden kann, die nicht nur eindeutig spanisch bzw iberisch, sondern identisch mit dem Sorraia-Pferd ist, dem letzten reinen Nachfahren des bodenständigen

Wie zusammengehörende Gene als „Paket" vererbt werden können, zeigt diese Quarter Horse-Stute, die in Färbung wie Exterieur deutliche Sorraia- bzw. Form-III-Merkmale aufweist. Lediglich die starke Kruppe verrät das Quarter Horse-Erbgut

südiberischen Urwildpferdes. Gruppen dieses Pferdetyps existieren in weit voneinander entfernten Populationen, z.B. in Oregon und Utah, was einer Distanz von etwa 640 km entspricht! Dazwischen liegen natürliche Barrieren, Autobahnen, Städte, aber auch - noch bedeutungsvoller - die riesigen Herden wildlebender Pferde in Nevada, die überwiegend nicht von diesem Typ sind! Das legt den Schluß nahe, daß es sich bei diesen Pferden um Überreste des einmal über den ganzen Kontinent verbreiteten Spanischen Mustangs handelt und, genauer gesagt, um Nachkommen der Sorraia-Pferde, die von den Spaniern ins Land gebracht worden waren.

Ob diese Restgruppen von Pferden im Sorraia-Typ direkt in ununterbrochener Generationsfolge von den spanischen Pferden abstammen oder wieder herausgemendelt sind, wird man wohl nie beweisen können. Die typischen Eigenschaften einer Pferdeform sind in den Genen verankert und werden durch die Gene weitervererbt. Eine bestimmte genetische Zusammenstellung resultiert in einem bestimmten Typ Pferd. Es ist unbestritten, daß Gene wirksam bleiben und auch heute noch dafür sorgen, daß in unseren modernen Rassen bestimmte Eigenschaften herausmendeln. Wie sind unsere heutigen Rassen entstanden? Indem auf bestimmte Genkombinationen hin selektiert wurde. Die Gene aber sind das Erbe verschiedener Formen von Urwildpferden.

Umwelteinflüsse spielen selbst bei domestizierten Tieren eine Rolle, aber ganz besonders bei wildlebenden. Der Lebensraum wilder Tiere selektiert sie auf bestimmte Eigenschaften hin (was natürlich über viele tausend Jahre hin geschieht). Darum sind zum Beispiel die Exemplare derselben Art größer, je weiter nördlich man sie findet (wo es normalerweise kälter ist), denn je größer ein Körper ist, desto geringer ist der Wärmeverlust im Verhältnis zur Körperoberfläche, was in nördlichen Klimaten für das Überleben ausschlaggebend sein kann. Es sind die Umwelteinflüsse, aufgrund derer die Überlebenschancen normaler Hasen in arktischen Gebieten schlecht sind, weil sie im Winter nicht, wie der Schneehase, ein tarnendes weißes Fell bekommen. Und die langen Grannenhaare, die das Regenwasser ableiten, und andere Eigenschaften erlaubten den wilden urtümlichen Ponies, sich in den nassen Klimaten des nördlichen Eurasiens zu behaupten; wieder andere ermöglichten es den Vorfahren der Kaltblüter, die bitterkalten Temperaturen im Norden auszuhalten und von besonders rohfaserhaltigen, aber wenig nahrhaften Pflanzen zu leben.

Nun ist es so, daß die Landschaft und das Klima des amerikanischen Westens und Südwestens weitgehend dem Lebensraum entsprechen, in dem das bodenständige südiberische Wildpferd sich entwickelt hatte. Darum ist es klar, daß die Umwelteinflüsse im amerikanischen Westen den Mustangs dieser Art sehr entgegen kamen und bei den Mustangbeständen einen selektiven Einfluß auf diesen Typ hin gehabt haben. Es waren nicht nur Verhaltensformen, die diesem Pferd geholfen haben, sich rein zu erhalten, sondern auch das warme, trockene Klima und das steppen- und halbwüstenartige Land müssen es begünstigt haben.

Obwohl sich viele oder fast alle Eigenschaften separat vererben können, ist doch oft das Gegenteil der Fall: ein Pferd, das die typische Falbfarbe ererbt hat, zeigt meistens auch einige der Gebäudemerkmale dieser Form; es mag zugleich ramsköpfiger sein als andere Vertreter seiner Rasse, schmalbrüstiger, längere Röhren haben oder mehr Gurttiefe, oder es mag beweglicher im Genick sein. Es kann beobachtet werden, daß Eigenschaften, die nicht miteinander im Zusammenhang zu stehen scheinen, wie Farbe, Gebäude und Verhalten, doch nicht selten als „Paket" vererbt werden. Wenn Pferde sich verpaaren, die viele der Gene einer bestimmten Form tragen und die außerdem unter Bedingungen leben, die für diese Wildpferdform ideal sind, dann ist es nur eine Frage der Zeit, bis Exemplare resultieren, welche diese Form vollständig repräsentieren.

Nicht nur unter den Mustangs kann man Pferde mit typisch spanischen Merkmalen finden, sondern verschiedene Rassen domestizierter Pferde, gerade auch in Amerika, haben die Tendenz, solche Individuen hervorzubringen.

Wenn wir die Geschichte der amerikanischen Mustangs berücksichtigen und die Verhaltensweisen wilder oder wildlebender Pferde, dann ist es nicht länger verwunderlich, daß bestimmte Mustang-Linien Pferde repräsentieren, die mit dem Sorraia-Pferd, d.h. dem südiberischen Wildpferd, identisch sind. Aufgrund ihrer äußeren Erscheinung und ihrer genetischen Veranlagung sind diese Pferde im Grunde spanisch und können mit Recht als Spanish Mustangs bezeichnet werden.

Haben die Spanier Sorraias nach Amerika verschifft?

Das haben sie in der Tat, wie offensichtlich schon dem Tagebuch von Kolumbus selbst zu entnehmen ist. Ruy D'ANDRADE hat diese und andere Unterlagen studiert und fand heraus, daß Sorraias, resp. Marismeños, in die Neue Welt verschickt worden waren. Er schrieb dazu:

„Es ist bekannt, daß die Tiere aus dem Tejon-Delta und die vom Guadalquivir, die mit Kolumbus nach Amerika kamen, von derselben Art waren (Sorraia/Marismeño). Ich will kurz erzählen, was passiert war, als Kolumbus die Pferde für Hispañola ausgesucht hatte, von denen die Pferde in Santo Domingo, Kuba und später die in Florida, Mexiko, Peru, Chile, Argentinien, Paraguay usw. abstammten.

Kolumbus hatte besonders wertvolle Andalusier ausgewählt und vor seiner Abreise persönlich nach ihnen gesehen. Im letzten Moment wurden sie aber durch Pferde einer anderen, kleineren Art aus dem Tiefland des Guadalquivirs ersetzt. Kolumbus war außer sich darüber. Aber statt der vorhergesehenen Nachteile hatte das nur Vorteile gebracht. Auf diese Weise kamen zähere, widerstandsfähigere Pferde als die Andalusier nach Amerika. Sie paßten sich im neuen Lebensraum besser an und entwickelten sich in kompletter Isolation weiter."

Kolumbus' eigene Niederschriften geben also darüber Auskunft, daß zwar nach seinen Plänen und Anordnungen nur die besten Andalusier seiner Zeit mit den Schiffen eintreffen sollten, die im Dezember 1493 in Hispañiola anlegten, daß aber betrügerische Händler in letzter Minute diese gegen urtümliche - in seinen Augen primitive - Pferde aus dem Guadalquivir-Gebiet (Marismeños) ausgetauscht hatten. Sorraias oder Marismeños konnten für ein Zehntel des Preises erworben werden, den ein Spitzenandalusier kostete.

Man darf annehmen, daß dies nicht ein Einzelfall geblieben ist und daß noch öfter andere als hochgezüchtete Pferde in die Neue Welt verschifft wurden. Aber man muß auch bedenken, daß selbst die besten Andalusier jener Zeit ihrem Ursprung noch näher standen, nämlich dem Sorraia oder Marismeño. Sie waren bestimmt reiner im Typ als die heute auf der iberischen Halbinsel zu findenden Pferde. Wenn man berücksichtigt, daß D'ANDRADE anfangs unseres Jahrhunderts durch die Form-III-Merkmale, die in seinen andalusischen*) Rassepferden herausmendelten, auf die Spur der Sorraias gebracht wurde, ja, daß selbst heutzutage noch viele moderne Andalusier- und Lusitanofohlen solche Merkmale zeigen, dann kann man sich vorstellen, mit welchen Pferden man es vor 500 Jahren zu tun hatte!

Es wurde also ein Grundstock an Sorraias/Marismeños in die Neue Welt verbracht, der sehr wahrscheinlich zum Teil aus Pferden bestanden haben mag, die nichts anderes als gezähmte südiberische Wildpferde waren!

Aufgrund der im vorhergehenden Kapitel beschriebenen Gegebenheiten war diese Form oder Subspecies in der Lage, im Wildzustand am besten zu überleben. In diesen Pferden mögen wir also keine gewöhnlichen verwilderten Hauspferde haben, sondern Pferde einer echten Wildform, einer Form, die ihre Wurzeln in Iberien hat und es mit knapper Not geschafft hat, im amerikanischen Westen zu überleben.

Reinrassiges Lusitano-Fohlen, 1996 geboren, das neben Aalstrich und Beinstreifung bemerkenswert auffällige Hals- und Schulterstreifen aufweist

*) D'Andrade bezeichnete seine Zuchtpferde oft als Andalusier, obwohl er eigentlich Lusitano-Züchter war. Er war der Begründer einer eigenen Linie von Lusitanos, die noch heute zu den drei oder vier bedeutendsten Lusitano-Linien zählt.

Wie wunderbar, daß es das noch gibt - frei wie der Wind laufen die Mustangs über die Hochplateaus Oregons!

Nevada - schwach besiedelt, aber Heimat von über 20.000 Mustangs

Die Falle ist fertig. Sie besteht aus Pferchen, die aus mobilen Metall-Zaunelementen gebaut wurden, und einem „Schlauch", der sich ergibt aus einem mehrere Hundert Meter langen Zaun auf der einen Seite und einer Felswand auf der anderen, und der an seiner Öffnung weit ausladend ist - die Öffnung ist sicher 100 bis 150 Meter breit. Dort, wo der Schlauch enger wird, ist der Zaun mit Sackleinen behängt, was ihn solider aussehen läßt.

Die Männer des BLM haben den Standort geschickt gewählt, denn die Felswand, der der Zaun zum Schluß parallel folgt, verläuft im Bogen. Die Pferde können also, wenn sie in den Schlauch gelaufen sind, gar nicht sehen, was sich am anderen Ende befindet. An der breiten Öffnung des Fangzaunes ist das Gelände zudem relativ eben und übersichtlich, so daß der Hubschrauber, der die Mustangs treibt, diese gut zusammenhalten und im Galopp zwischen die Fangarme und in den Schlauch treiben kann.

Mitten auf der freien Fläche, vielleicht 50 Meter vor der Öffnung in den Schlauch, steht ein Mitarbeiter neben einer Krüppelkiefer und hält ein zahmes Pferd fest. Mit diesem Pferd hat es eine besondere Bewandtnis, es ist ein sogenanntes „Preather Horse" oder „Judith Horse". Es wurde so trainiert, daß es, sobald sein Führer es losläßt, zurück galoppiert in die Falle. Wenn die wilden Pferde angaloppiert kommen, läßt der BLM-Mitarbeiter genau im kritischen Moment, wenn die Pferde den mit Sackleinen behängten Zaun zu Gesicht bekommen und sich zum Rückzug entschließen könnten, dieses Preather Horse los, und es rennt dann schnurstracks und so schnell es kann in den Schlauch hinein und in die Falle. Die wilden Pferde, die in diesem Moment den Artgenossen vorausgaloppieren sehen, lassen sich dann mitreißen und laufen ihm ohne groß zu überlegen hinterher.

Das ist zumindest der Plan. Ob es klappen wird?

Jetzt kann man von Ferne ein dumpfes, rhythmisches Geräusch hören - der Hubschrauber. Noch ist er nicht zu sehen. Doch, hinten über der bewaldeten Hügelkuppe sieht man einen Punkt am Himmel, das muß er sein. Aber er scheint sich nicht zu bewegen.

Nun schiebt er sich etwas nach links, jetzt wieder nach rechts. Dann steht er wieder.

Nach fünf Minuten meint man, der Hubschrauber komme überhaupt nicht näher. Mal fliegt der dunkle Punkt zu dieser, dann wieder zu jener Seite. Aber ist er nicht jetzt doch etwas größer, deutlicher? Und ist das Motorengeräusch nicht lauter als zu Beginn?

Die Mustangs sind in den Tagen zuvor mehrmals durch Hubschrauber belästigt worden. Aus der Luft wurden ihre Standorte ausfindig gemacht, und sie wurden gezählt, um festzulegen, wieviele überzählig sind. Zweihundert Tiere sollen, ja, müssen aus diesem Gebiet entfernt werden, sonst kann das Land nicht alle ernähren, und viele werden den Winter nicht überstehen.

Die Spannung steigt. Wieviele der wilden Pferde wird er herausbringen? Der Hubschrauber ist inzwischen so nah, daß wir uns wundern, wieso wir noch keine Pferde sehen. Noch näher kommt er, fliegt hin und her und hat offensichtlich Mühe, die Tiere zusammenzuhalten. Wenn wir nicht genau wüßten, daß so eine Hubschrauberstunde sehr teuer ist und der ganz sicher nicht zum Spaß da herumfliegt, so würden wir nicht glauben, daß er tatsächlich Pferde treibt. So dicht bewachsen ist das Gelände doch nicht, man müßte sie doch längst sehen können!

Und auf einmal sind sie da! Viel näher, als wir sie erwartet haben. Die Tarnfarbe hat sie unseren Augen so lange verborgen gehalten. Sie galoppieren über die Fläche, genau auf den Fangzaun zu, es mögen etwa 30 Tiere sein. Der Hubschrauberpilot erledigt seine Aufgabe mit Einfühlungsvermögen, er treibt sie so, daß sie jetzt zügig galoppieren, aber sie sind keineswegs erschöpft und wirken nicht panisch. Jetzt macht er ihnen mehr Druck, und da läßt der BLM-Mann das

Auf einmal sind sie da! Der Hubschrauber treibt eine Gruppe von Kiger Mustangs auf den Fang-Corral zu

Preather Horse los und duckt sich schnell hinter die Krüppelkiefer. Das Preather Horse geht ab wie eine Rakete in Richtung Falle, und die Mustangs rennen - tatsächlich - alle hinterher!

Wie ein Spuk ist die ganze Herde vorbeigelaufen und um die Felswand herum verschwunden. Wir können nur noch das Knattern des Helikopters hören.

Bis wir am Pferch ankommen, sind die Mustangs bereits darin eingesperrt, und der Hubschrauber ist zu seinem Auftankplatz geflogen. 28 Pferde sind gefangen. Direkt an der Falle sind mehrere zahme Pferde angebunden, die einen beruhigenden Einfluß auf die wilden ausüben sollen. Alle Mitarbeiter bleiben weit genug von der Falle entfernt, um die Mustangs nicht unnötig aufzuregen. Erstaunlich, wie sie sich in ihr Schicksal ergeben haben. Die Augen, Ohren und das Mienenspiel der Mäuler verraten den Stress, den sie ertragen müssen, aber sonst bewegen sie sich nicht viel, wenn nicht gerade jemand der Falle zu nahe kommt. Einige der älteren Stuten und Hengste haben das alles schon einmal mitgemacht und scheinen sich besser darein zu schicken.

Ein paar potentielle Adoptierer sind anwesend und betrachten sich die Tiere durch Ferngläser genauer, diskutieren darüber.

Hoffentlich steht denen, die adoptiert werden, ein erträgliches Schicksal bevor!

Die Barb-Legende

Die Bezeichnung „Barb“ (Berber) oder „Spanish Barb“ (spanischer Berber) taucht in Amerika immer wieder auf, wenn es um Mustangs geht. Die Zuchtverbände für „Spanish Barbs“ benutzten, als sie gegründet wurden, diese Bezeichnung, weil sie damit ausdrücken wollten, daß sie die wahren, die reinen spanischen Mustangs züchteten.

Es gibt aber so etwas wie einen spanischen Berber gar nicht. All das geht zurück auf die weitverbreitete irrtümliche Ansicht, daß die Araber und Mauren Iberien mit ihren Pferden erobern konnten.

J. Frank DOBIE, dessen Buch „The Mustangs“ als ein Monument für diese Pferde betrachtet werden kann und eine ergiebige Informationsquelle über Mustangs ist, hat darin unglücklicherweise ebenfalls diese Legende weitergetragen:

„Um die Hengste verstehen zu können, welche die Conquistadores über die Amerikas trugen, mußte ich zurückgehen zu den Stuten neben den schwarzen Zelten in der arabischen Wüste“, sagt er in seiner Einführung. Er ging nicht nur davon aus, daß das spanische Pferd der Kolonialzeit viel Berberblut führte, sondern folgte der Theorie vieler Schreiber, nach der sogar arabische Pferde einen Einfluß auf die spanischen Pferde gehabt haben sollen. Es gibt aber stichhaltige Beweise dafür, daß das ein Irrtum ist, daß die Araber und Mauren kaum irgendwelche Pferde nach Iberien brachten, als sie die Halbinsel unterwarfen.

Iberische oder spanische Pferde waren weltberühmt, schon lange bevor die Moslems in Iberien herrschten. Diese Tatsache wird von römischen und griechischen Historikern dokumentiert. Auch die spanische Reitweise, mit am Zügel stehendem, versammeltem Pferd, hatte vor der islamischen Herrschaft in Iberien bereits eine lange Tradition gehabt. Eine Reitweise, die bis heute besteht und für die sich arabische Pferde nicht gut eignen.

Diese Qualitäten des iberischen Pferdes waren der Grund, weshalb es in praktisch alle europäischen Länder und selbst nach Afrika und Arabien exportiert wurde. Die meisten Pferde, die von Nordeuropäern importiert und als „Orientalen“ bezeichnet wurden, waren in Wirklichkeit iberische Pferde, da Spanien damals als zum Orient gehörig galt.

Die stärksten Beweise gegen einen nennenswerten Einfluß arabischer oder berberischer Pferde auf die spanischen liefern aber die islamischen Geschichtsschreiber. Wären es iberische Chronisten gewesen, die gegen eine Invasion arabischer und berberischer Pferde dokumentiert hätten, könnte man vielleicht skeptisch sein und Voreingenommenheit vermuten, da es aber arabische Chronisten waren, ist es absolut glaubwürdig.

Der islamische Chronist Abul-Cacim TARIF ABENTARIK zum Beispiel, der im 8. Jahrhundert lebte, schrieb, daß „die ***wenigen berittenen*** Moslems, die an der Invasion Spaniens teilnahmen, die Pferde der Christen größer und von besserer Qualität fanden und ihre Truppen mit spanischen Pferden beritten machten“! Der portugiesische Wissenschaftler und Experte für iberische Pferde Dr. Ruy D'ANDRADE schrieb diesbezüglich:

„TARIF BEN KAITA, ein arabischer General bei der Eroberung der iberischen Halbinsel durch die Mauren, berichtete im Jahre 711, daß die Invasoren den Andalusier als ein großartiges Tier bewunderten.“

Der deutsche Autor und Experte für iberische Pferde Dr. Michael SCHÄFER erklärt und dokumentiert in seinen Büchern plausibel, daß vor dem 19. Jahrhundert fast keine arabischen Pferde nach Spanien gebracht wurden. Er erklärt zuerst, daß es überwiegend Berber und nicht Araber waren, die Iberien eroberten (die einen anderen Reit- und Kampfstil hatten; die Araber ritten Stuten, die Berber Hengste) und führt dann aus, daß die ersten Moslems, die nach Spanien kamen (711 A.D.), alles Berber waren, abgesehen von wenigen möglichen arabischen Führern. Die Frage, ob diese, wenn sie schon keine Araberpferde herübergebracht haben, nicht wenigstens ein paar Tausend Berber-Pferde nach Spanien brachten, beantwortet SCHÄFER, indem er Castejon Y MARTINET DE ARIZALA zitiert:

„Der große, fundamentale Irrtum ist, zu glauben, daß die Mohammedaner 300.000 arabische Pferde mitbrachten. Es ist absolut bewiesen, daß die mohammedanischen Truppen zu Fuß kamen und während ihrer Herrschaft keinen einzigen nennenswerten Transport (nach Spanien) machten, aber an die Königshäuser Afrikas und Arabiens herausragende Pferde entsandten, die sie in den Niederungen des Guadalquivirs fanden.“

Gewisse Ähnlichkeiten zwischen den Berbern Nordafrikas und dem autochthonen iberischen Pferd können das Resultat von Exporten aus Iberien nach Nordafrika gewesen sein, von denen man weiß, daß sie stattfanden. Es ist aber denkbar, daß derselbe Pferdetyp auch in Nordafrika bodenständig war, weil in prähistorischer Zeit die Möglichkeit der Überquerung der Straße von Gibraltar für Pferde bestand, da der Meeresspiegel während der Eiszeiten um 100 m und mehr niedriger war.

Es ist bekannt, daß später Araber und Berber (und auch Kaltblüter) nach Iberien importiert wurden. Sie haben ihre Spuren in den heutigen iberischen Pferderassen hinterlassen, die nicht mehr das sind, was sie einmal waren. In diesem Zusammenhang kommt es aber nur darauf an, welche Pferde typisch spanisch bzw, iberisch sind, welche die eigentlichen, autochthonen spanischen Pferde sind und welche die typischen iberischen Rassen sind.

Es ist erwiesen, daß die Iberer nur drei Pferdepopulationen hatten: den Sorraia oder Marismeño (der erste Begriff ist portugiesisch, der zweite spanisch, beide bezeichnen dasselbe Pferd), den Garrano (das Pony des gebirgigen Nordens) und die Zuchtrassen.

Die Spanier brachten keine Araber nach Amerika und auch keine Berber. Was sie herüberbrachten, waren spanische Pferde.

Eine Erklärung für den Mißbrauch der Bezeichnung „Barb“ (Berber) durch Nordamerikaner könnte sein, daß die Engländer angeblich von den iberischen Pferden entweder als von Orientalen oder als von Berbern sprachen. Das könnte bei den Anglo-Amerikanern zur Erfindung des Begriffs „Spanischer Berber“ geführt haben.

Mehr über das Sorraia-Pferd

Es ist bedauerlich, daß das Sorraia-Pferd in der Literatur überwiegend falsch dargestellt wird, darunter ansonsten respektable und umfangreiche Bücher von anerkannten Autoren. Da wird es als Pony bezeichnet - dabei ist das Sorraia-Pferd definitiv kein Pony. Und ein anderer Fehler, der oft gemacht wird, ist, daß Sorraia und Garrano verwechselt werden, obwohl es sich um völlig unterschiedliche Pferdeformen handelt. Daphne Machin Goodall zum Beispiel stellt es in dem Buch „Horses of the World" sogar so dar, als wären „Sorraia" und „Garrano" nur zwei unterschiedliche Begriffe für dasselbe Pferd. In demselben Buch wird auch die Größe des Sorraias mit nur 13 Hands angegeben (gut 1,30 m), und ihm ein „gerades oder konvexes" Profil, eine schlechte Schulter sowie ein tiefer Schweifansatz zugesprochen.

Zum Teil wird sogar vom „modernen Sorraia" gesprochen, als handele es sich um eine Zuchtrasse, die in neuerer Zeit veredelt worden sei.

Das Besondere am Sorraia-Pferd ist, daß es eben nicht eine Zuchtrasse darstellt, sondern ein Relikt und noch weitgehend die prähistorische Wildform III verkörpert. Es ist ein Wildpferd, das in den Haustierstand überführt wurde und heute im Wildleben nicht mehr existiert, zumindest nicht mehr in Portugal. Vom „modernen Sorraia" zu sprechen, ist darum glatter Unfug.

Neben d'Andrade, Speed, Ebhardt, Schäfer oder Zeeb wurde der besondere Status des Sorraia-Pferdes auch in neuerer Zeit von Wissenschaftlern bestätigt, so z.B. von Prof. Maria do Mar Oom, einer portugiesischen Biologin von der Universität Lissabon, Abteilung Zoologie und Antropologie, die in der wissenschaftlichen Publikation „Animal Genetics" konstatierte: „Der Sorraia gilt als ursprünglicher Vorfahre der iberischen Reitpferderassen und möglicherweise als einer der ursprünglichen Vorfahren aller leichten Sattelpferde der Welt."

Die Fachautorin Silvia Loch schreibt in ihrem Buch „The Royal Horse of Europe": „Es wird heute von Hippologen und Naturhistorikern, die sich auf (die Gattung) *Equus* spezialisiert haben, ohne Zweifel anerkannt, daß der Sorraia der ursprüngliche Vorfahre des iberischen Sattelpferdes ist." Leider trägt sie in dem Buch auch zur Verbreitung einiger Falschinformationen über das Sorraia-Pferd bei, indem sie z.B. dessen Größe mit nur etwa 1,35 m angibt.

Das Sorraia-Pferd wurde nach dem gleichnamigen südportugiesischen Fluß so genannt, der seinen Namen von seinen beiden Quellflüssen, dem Sor und dem Raia, erhielt. Die Gegend war recht unzugänglich und bot die notwendige Abgeschiedenheit, daß eine wilde Tierart sich erhalten konnte. Der portugiesische Experte Arsénio Raposo Cordeiro, Autor des Buches „Lusitano, Iberiens stolze Pferderasse", schrieb dazu:

„Charakteristischerweise finden wir auch heute noch zwischen den Flüssen Tejo und Guadiana viele dünnbesiedelte Gegenden, die immer eher wild waren und 'Vale de Zebro' (Wildpferdetal) genannt wurden. In derselben Region finden wir andere Täler, die z.B. 'Vale de Eguas' oder 'Vale de Cavalos' (Tal der Stuten resp. Tal der Pferde) genannt wurden. Aus diesen Namen können wir schließen, daß es einen klaren Unterschied gab zwischen den wilden Pferden und dem bereits domestizierten Nachkommen dieses speziellen Wildpferdes, dem Lusitano".

Halbwilde Sorraia-Stuten in Portugal (Quinta da Boavista)

Man muß dazu wissen, daß im Portugiesischen „zebro" oder „zebra" soviel wie „gestreift" bedeutet. Das ist ein Beweis dafür, daß das portugiesische Wildpferd gestreift war. Da die Portugiesen daran gewöhnt waren, daß ihre Wildpferde gestreift waren, nannten sie das gestreifte Wildpferd, das sie auf der afrikanischen Steppe entdeckt hatten, ebenfalls

„Zebro“ oder „Zebra“ und gaben so den afrikanischen Zebras ihren Namen.

Zoologen sind bezüglich ihrer Einschätzung der heutigen Sorraias unterschiedlicher Auffassung, da nicht alle im Sorraia-Pferd ein in den Haustierstand überführtes Wildpferd sehen, eine ursprüngliche Unterart, die heute nur noch im halbdomestizierten oder domestizierten Zustand existiert. Aber es gibt bislang gar keine allgemein anerkannte Methode, mit der das (oder das Gegenteil) wissenschaftlich bewiesen werden könnte, so daß wir es sowieso bestenfalls nur mit fachmännischen Vermutungen zu tun haben.

Diesbezüglich mögen ein paar Denkansätze und Vergleiche zulässig sein: Wenn zum Beispiel der Auerochse (der ja der Urahn unserer Rinderrassen war) nicht vollständig ausgerottet worden wäre, sondern sich ein paar Tiere in irgendeinem unzugänglichen Waldgebiet gehalten hätten, wenn die dann vor Jahrzehnten von jemandem entdeckt, halbwild gehalten, nach und nach gezähmt und zum Teil in Gefangenschaft aufgezogen und sogar als Zug- oder Lasttiere genutzt worden wären, wären sie dann immer noch echte Auerochsen? Würden sie immer noch die reine Wildart verkörpern? Natürlich würden sie das, solange sie nicht durch Zuchtwahl verändert worden wären.

Tatsächlich hat ja genau das mit dem Mongolischen Wildpferd stattgefunden. Es hat nur in Gefangenschaft überlebt. Da gibt es nur den einen Unterschied, daß seine Zähmung und Nutzung aufgrund seiner ungeeigneten charakterlichen und gebäudemäßigen Eigenschaften und wegen seiner schlechten Bewegungen nicht weiterverfolgt wurde.

Gerade da haken allerdings manche Zoologen ein. Sie messen der Wildheit und schwierigen Zähmbarkeit große Bedeutung zu und sind der Ansicht, daß ein weniger wildes und ungebärdiges Pferd, ein eher leicht zähmbares, kein echtes Wildpferd sein könne. Es ist aber Tatsache, daß sogar die afrikanischen Zebras gezähmt, geritten und angespannt wurden; sie machten nur deshalb als Arbeitstiere keine Karriere, weil sie zu wenig Ausdauer und zu schlechte Bewegungen haben. Trotzdem zweifelt niemand ihren Status als echte Wildart an. Andererseits hat es viele Fälle von wilden Mustangs gegeben, die sich als unzähmbar erwiesen, und zwar solche, die äußerlich klar erkennen ließen, daß sie nichts anderes waren als gewöhnliche Kreuzungen bzw. Nachkommen entlaufener Hauspferde.

Ron Roubidoux, der mehrere Sulphur Springs Mustangs besitzt, berichtete über folgende Erfahrung: „Als ich 'Tia' frisch adoptiert hatte, mußte ich den Tierarzt wegen einer Verletzung an einem ihrer Beine kommen lassen. Sie war so wild, daß er mit einem Betäubungsmittelpfeil schießen mußte, um sie ruhig zu stellen. Sie ging aber nie zu Boden. Er hatte Sorge, daß er sie mit noch mehr Betäubungsmittel töten könnte, darum gaben wir auf.

Bei diesem Bild eines gelbfalben Sorraia-Hengstes kann man gut erkennen, wie gerade er auf den Beinen ist

Im folgenden Sommer bekam sie eine Augeninfektion, und er mußte wieder kommen. Inzwischen war sie halfterzahm und viel leichter zu handhaben. Er gab ihr die Sedierung intravenös, und obwohl sie dagegen ankämpfte, ging sie doch zu Boden. Bevor er fertig war, stand sie wieder auf und fiel dann hin. Das tat sie immer wieder, gegen die Sedierung ankämpfend. Er sagte, in seinem ganzen Leben hätte er noch kein Pferd gesehen, daß sich so gewehrt hätte gegen das Bewußtloswerden.

Im Jahr darauf, als 'Delta' (eine andere Sulphur-Stute) ihr Auge verloren hatte, kam er wieder, um sie zu verarzten. Mittlerweile dachte er, er hätte den Bogen raus bezüglich der Sedierung von Mustangs, weil er in der Zwischenzeit auch andere Mustangs behandelt hatte. Ich mußte die ganze Zeit, in der er Deltas Augenhöhle zunähte, auf ihrem Hals liegen. Meistens bewegte sie ihre Beine, als würde sie zu laufen versuchen. Gerade als er fast fertig war, warf sie mich ab, stand auf und fiel wieder hin, genau wie Tia es getan hatte. Der Tierarzt konnte es nicht glauben und sagte, daß die Menge, die er ihr gegeben hatte, jedes andere Pferd umgebracht hätte.“

Alle möglichen Arten von Wildtieren sind gezähmt worden. Als Haustiere aufgezogene Wolfswelpen wurden zu Familienmitgliedern, Geparden und andere Großkatzen sind als Haustiere aufgezogen worden. Geparden wurden sogar zur Jagd abgerichtet, was man auch mit gezähmten Falken macht. Afrikanische Strauße werden gezähmt und geritten. Elefanten werden gefangen, aufgezogen und zu den mächtigsten Arbeitstieren ausgebildet, die der Mensch hat. Die Liste könnte beliebig fortgesetzt werden... Innerhalb der Großkatzen gibt es nicht nur Arten, die besser zu zähmen sind als andere, sondern die Eignung zur Zähmung variiert sogar innerhalb einer Art: Die großen sibirischen oder bengalischen Tiger sind besser zu zähmen als die kleinen Inselformen in Südostasien; der indische Wolf läßt sich leichter zähmen als jede andere Unterart des Wolfes (Zeuner). Kurzum, es gibt keinen Grund, weshalb die verschiedenen Wildpferdformen nicht auch unterschiedliche Eignung zur Zähmung und Nutzung aufweisen sollen. Der Grad der Ungebärdigkeit muß nicht unbedingt ein Kriterium für die Bestimmung des Status eines Tieres sein.

Graufalber (grullo) Sorraia-Hengst, halbwild auf Herdade de Font'Alva lebend, dem Gut der d'Andrades

Ein Aspekt, der ein Hinweis darauf sein könnte, daß es sich bei den Sorraias um ein echtes Wildpferd handeln kann, ist, daß unkorrekte Gliedmaßen bei allen Zuchtpferderassen vorkommen, nicht selten sogar ein Problem sind, und das trotz aufwendiger Zuchtprogramme und Auswahlverfahren. Selbst wenn man sich beispielsweise die Koniks und Huzulen ansieht, beides dem Tarpan nahestehende Primitivrassen, so sind unkorrekte Bein- und Hufstellungen nicht selten und wurden als altes Problem konzidiert. Die verbliebene Sorraia-Population dagegen, die keine gelenkte züchterische Arbeit und kein Zuchtprogramm hinter sich hat, auch keine natürliche Auslese mehr durch Raubtiere, besteht aus Tieren mit erstaunlich geraden Beinen. Manche mögen häßlich sein, manche mögen Hirschhälse haben, aber keins hat Beine oder ande-

Zwei sehr scheue, halbwild lebende Sorraia-Jährlinge in Portugal, Quinta do Barreiro

re Gebäudeeigenschaften, die irgendwie seine Fähigkeit zum Laufen beeinträchtigen. „Form to function" sagen die Amerikaner, hier aber nicht aufgrund intensiver züchterischer Bemühungen, sondern kraft der unverdorbenen genetischen Formel von Mutter Natur.

Und noch ein Hinweis: Die äußeren Eigenschaften des südiberischen Wildpferdes vererben sich nicht nur dominant bei direkten Kreuzungen, sondern mendeln stur immer wieder heraus bei allen Zuchtrassen, die zu kreieren es mithalf.

Nun ist es eine bekannte Tatsache, daß alte Haustierrassen auch die Fähigkeit haben, ihre Eigenschaften dominant weiterzugeben. Hereford-Rinder vererben bei Kreuzungen mit anderen Rassen zuverlässig ihre farblichen Merkmale und andere Eigenschaften, die zumindest in einem gewissen Ausmaß auch noch nach ein oder zwei weiteren Generationen erkennbar sind. Dasselbe gilt für Angus-Rinder, Border Collies und andere alte Rassen. Keine Population verwilderter Rinder bringt aber nach Generationen auf einmal wieder Hereford- oder Angus-Merkmale hervor. Ist solches Erbgut in einer wildlebenden Rinderpopulation vorhanden, so werden sich deren - vom Menschen geschaffene - Merkmale nach und nach verlieren, wenn die Population lange genug sich selbst überlassen bleibt. Tiere haben, wenn sie im Wildleben sich selbst überlassen bleiben, die Tendenz, wieder auf die Wildform zurückzumendeln, nicht die, vom Menschen durch Zuchtauswahl entwickelte Merkmale zu reproduzieren.

Das Sorraia-Pferd hat absolut keine Geschichte als Zuchtrasse. Es hat nur eine Geschichte als Wildpferd, und auch als solches war es in Vergessenheit geraten und fast ausgestorben, bis es Anfang dieses Jahrhunderts wiederentdeckt wurde. Wenn es sich stärker vererbt als Hauspferdrassen, wenn in Hauspferdrassen seine Merkmale herausmendeln, wenn wildlebende Pferde Individuen hervorbringen, die ihm gleichen, dann kann das nicht die Vererbungskraft einer alten Kulturrasse sein, sondern nur die eines ursprünglichen (wilden) Vorfahren.

Das Sorraia-Pferd wurde von dem anerkannten portugiesischen Pferdemann und Zoologen Dr. Ruy D'ANDRADE wiederentdeckt, der sich u.a. auch beim Wiederaufbau der königlichen portugiesischen Rasse Alter Real verdient gemacht hat. Er beschrieb folgendermaßen, wie er die Sorraia-Pferde entdeckt hatte:

„Die Regionen des unteren Sorraia-Tales sind sandig und heute mit Korkeichen bestanden. Früher waren sie mit Dickichten und wildem Gebüsch bedeckt, und dort wurden hauptsächlich Kampfstiere gezüchtet. Die Pferde mußten von dem leben, das letztere übrig ließen... 1920 sah ich, als ich nahe Coruche in den Niederungen des Sorraia auf Jagd war, etwa 30 Tiere, Stuten und Fohlen, von mausfalber, braunfalber und hell(gelb)falber Farbe."

D'ANDRADE beschrieb diese Pferde folgendermaßen: Hinterhand, Rücken und Hals maultierähnlich; gestreifte

Beine, Hals und Schulter ebenfalls gestreift; Aalstrich und einige kurze Streifen auf dem Rücken; Bruststreifen; Ohren mit dunklen Spitzen und Streifen; ein paar Streifen auf den Ganaschen; Schweif und Mähne zweifarbig, außen grauweiß, in der Mitte schwarz; klein von Wuchs.

„Die ganze Herde erschien sehr wild oder besser, sehr ursprünglich", berichtete D'ANDRADE, „als habe es sich um eine Zebra- oder Wildpferdart gehandelt. Später schenkte ich den Farbmerkmalen mehr Aufmerksamkeit und fand sie in über 300 Exemplaren im Gebiet des Tejo-Deltas, im Alto Alentejo und im Tal des Guadalquivir."

Ruy D'ANDRADE, der selbst Pferdezüchter war, fand es faszinierend, daß selbst bei einigen seiner hochgezüchteten Andalusier bzw. Lusitanos diese Fellabzeichen immer wieder herausmendelten:

Zweijährige Sorraia-Stute mit klassischem spanischem Kopf, lediglich die eher kurze Kruppe entspricht nicht ganz dem Typ

„Vor Jahren stellte ich fest, daß viele Fohlen, die ich im Alto Alentejo um Elvas herum aus reinen Andalusierstuten gezüchtet hatte, wie auch einige Fohlen aus dem Tejon-Delta, falbfarbig und mit zebraähnlicher Streifung geboren wurden."

Dr. D'ANDRADE versuchte dann, die Art dieses wilden Pferdes, das er in den Niederungen des Sorraias gefunden hatte, zu erhalten. Es war sein Ziel, herauszufinden, ob es der Vorfahre der iberischen Pferde war, besonders des Lusitanos und des Andalusiers.

„Der Andalusier ist heute von größerer Statur, und er variiert stärker vom Gebäude her", schrieb er, „was ein Ergebnis der vielen Verkreuzungen ist, denen er ausgesetzt war. Ich versuchte zu wiederholen, was im Wildleben in Amerika geschehen war, als der Criollo entstand (als Portugiese war D'ANDRADE nicht so vertraut mit den nordamerikanischen Mustangs, sondern mehr mit dem südamerikanischen Criollo). Entgegen meinem Wunsch konnte ich die Herde, die ich auf meiner Jadgtour gesehen hatte, nicht wieder aufspüren. Sie hatte sich zwischenzeitlich zerstreut. Ich versuchte darum, in der Region einige Stuten aufzutreiben, welche genau die gleichen Merkmale aufwiesen, die ich damals gesehen hatte. Ich erwarb sieben Stuten von verschiedenen Züchtern um Coruche herum und richtete ein neues Gestüt ein. Ich führte sie Hengsten zu, welche die gleichen Fellbesonderheiten aufwiesen."

D'ANDRADES Pferde vermehrten sich und behielten ihren Typ bei. Wenn er nicht gewesen wäre, gäbe es wohl heute keine Sorraias mehr. Er machte auch große Anstrengungen, die Herkunft dieser Pferde zu erforschen:

„In diesem Lebensraum, der bis weit ins 19. Jahrhundert hinein nicht besiedelt war und den Königen als Jagdgründe für Hirsch, Reh und Wildschwein diente, konnte dieser ursprüngliche Typ Pferd überdauern. Nur Pferde, die an solch ärmliche Bedingungen angepaßt waren, konnten hier überleben. Natürlich schafften das die Pferde am besten, die es schon immer hier gegeben hatte. Das ist auch der Grund, daß diese Art Pferd noch immer existiert. Nachstehend beschreibe ich sie detaillierter sowie das, was ich beobachtet und in meinen Studien über das Sorraia-Pferd herausgefunden habe.

Das Sorraia-Pferd unterscheidet sich eindeutig vom Garrano, den wilden Ponies der Berge im Norden. Es zeigt viele Gemeinsamkeiten mit dem höherstehenden Andalusier. Die Garranos werden in den Bergregionen gefunden, die reichlich Niederschlag erhalten und wo die Weiden das ganze Jahr über grün bleiben und wo man den Esel nicht findet. Sie sind klein (etwa 1,25 m im Schnitt), von brauner Farbe, haben ein gerades oder konkaves Profil, und ihre Zähne zeigen keltische Charakteristika.

Wenden wir uns nun der zweiten Gruppe zu, den Sorraias. Obwohl diese auch von eher kleiner Statur sind (im Schnitt 1,42 m bis 1,47 m) - wenngleich nicht so klein wie die Garranos - handelt es sich doch um Pferde im eigentlichen Sinn."

DR. D'ANDRADE, der Anatom war, glaubte auch aufschlußreiche Beweise anhand der Zähne der Sorraia-Pferde gefunden zu haben:

„Bekanntlich gehören Zähne zu den häufigsten archäologischen Funden. Sie erlauben präzise Schlüsse in bezug auf den entwicklungsgeschichtlichen Stand eines Tieres und stellen die verläßlichsten Elemente für eine Systematisierung dar.

Die Pferde aus dem Sorraia-Tal zeigen die typischen Zahnmerkmale des *Equus stenonis* (ein Eiszeitpferd), dessen Zähne denen des Zebras ähnlich, d.h. nicht sehr weit entwickelt waren. Die Zähne des Sorraia-Pferdes unterscheiden sich von denen des Garrano Ponys und müssen darum zu einer anderen Spezies von *Equus caballus* gehören. Die Zähne des reinblütigen Andalusiers entsprechen aber denen des Sorraia-Pferdes.

Der beschriebene Pferdetypus hat denselben Lebensraum wie der Esel. Beide bewohnen steppenartige, trockene Gebiete, welche den Tieren während fünf Monaten des Jahres sehr harte Bedingungen aufzwingen. Sie müssen darum ihr Gebiet beständig wechseln, um Futter und Wasser zu finden. Die beschriebenen Bedingungen, unter denen das Sorraia-Pferd lebt, führen zu dem Schluß, daß seine Vorfahren von Wüstengegenden mit extremen klimatischen Bedingungen stammen. Ein Ergebnis einer solchen Anpassung ist die Ausbildung einer langen und schlanken Bemuskelung.

Auch bezüglich des Exterieurs kann es nicht als ein wildes Pony klassifiziert werden. Das Sorraia-Pferd ist, wie seine durch Domestikation und Verkreuzung entwickelten Verwandten, der Andalusier und der Berber, ein echtes Pferd so wie wir auf der iberischen Halbinsel den Begriff verstehen.

Sorraia-Pferde werden ohne Pflege oder Zusatzfutter gehalten. Sie leben von dem, was die Rinder übriglassen. Man setzt sie in den Feldern und beim Dreschen ein. Sie werden geritten beim Hüten der Kampfstiere und leben Tag und Nacht ohne Schutz, allem schlechten Wetter ausgesetzt.

Es gibt kein Pferd, das für die erwähnten Arbeiten besser geeignet ist. Sorraia-Pferde sind gehorsam, temperamentvoll, extrem widerstandsfähig und anspruchslos... Die Bewegungen dieser Pferde sind erhaben und elegant... Wenn man Sporen einsetzt, sind sie sehr schnell, können aber abrupt stoppen. Darum können sie sich gegenüber den blitzschnellen und unerwarteten Attacken der Kampfstiere helfen. Ihre Ausdauer haben sie auf Fuchsjagden bewiesen. Bei diesen Gelegenheiten laufen sie leicht 60 bis 70 km ohne Unterbrechung."

So weit D'ANDRADE. Die Sorraias auf seinem Schutzgebiet in Portugal haben immer wieder das Interesse von Pferdeleuten, Genetikern und Zoologen aus aller Welt geweckt.

Eine Beschreibung des Sorraia-Pferdes wäre identisch mit der des Form-III-Pferdes. Manche nehmen an, daß das Form-III-Pferd eine kurze, aufrechtstehende Mähne hatte. Die Mähne der Sorraias ist aber nicht selten ziemlich lang und weichfließend, was ein Hinweis darauf sein könnte, daß auch die prähistorische Form III eine solche Mähne hatte. Andererseits ist das längere Wachstum und das Herabfallen der Mähne eins der ersten Symptome, die sich bei einer Domestikation wilder Pferde zeigen. Man kann das sogar an in Zoos lebenden Mongolischen Wildpferden beobachten, trotz deren kurzer, drahtiger Mähne.

Eins der typischen Merkmale der Sorraia-Pferde war ihre Zebrierung, die sich nicht nur in Form von Zebrastreifen an den Beinen zeigte, wie man dies auch heute noch bei vielen Pferden sehen kann, sondern auch am Kopf, Hals, Rücken und der Kruppe, besonders bei Fohlen. Gewöhnlich verliert sich das meiste davon, wenn das Pferd älter wird, aber manchmal bleibt dies auch teilweise erhalten.

Diese Zebrierung muß als ein besonderes Merkmal des iberischen Urwildpferdes angesehen werden. Die Streifung ist nicht so dunkel wie bei einem Zebra, normalerweise auch nicht so dunkel wie die Zebrastreifung an den Beinen oder der Aalstrich vieler Pferde, zeigt aber doch einen Kontrast zur Grundfarbe des Pferdes. An manchen Stellen besteht die Streifung nicht einmal aus einer dunkleren Farbe, sondern

Ganz oben: Besonders auffallende Streifung am Hals durch anderen Haarstrich (Sorraia-Hengst) Mitte: Deutliche Streifung an Hals und Brust bei einem Mustang der Sulphur Springs-Herde Unteres Bild: Typischer Kopf des norwegischen Fjordponys - breite, flache Stirn, leicht konkaver Nasenrücken, Mehlmaul und helle Augenumrandungen- ein Falbe mit Form-I-Merkmalen.

Ganz oben: Graufalber, reinrassiger junger Fjordponyhengst mit leichtem Ramskopfprofil
Darunter: Derselbe Hengst zeigt auch in der gesamten Färbung und im Exterieur so starke Form-III-Merkmale, daß er auf den ersten Blick wie ein (fettes) Sorraia-Pferd aussieht

scheint durch unterschiedliche Struktur des Haarstrichs zu entstehen

Nicht alle Sorraias zeigen diese starke Zebrierung, aber es scheint eine Unterart zu sein, für die diese Zebrierung typisch ist.

Alle Sorraias sind entweder Duns (Gelb- oder Braunfalben) oder Grullos (Graufalben) und haben zumindest einen Aalstrich und Zebrastreifen an Vorder- und Hinterbeinen. Das obere Drittel der Ohrenrückseite ist dunkel. Oftmals haben sie ein Schulterkreuz, u.U. auch mehrere solcher Schattierungen im Hals- und Schulterbereich und dunkle Schattierungen an den oberen Vordergliedmaßen. Die unteren Gliedmaßen sind zum größten Teil dunkel, wie auch Mähne und Schweif, abgesehen von den stets vorhandenen hellen seitlichen Haaren. Der Kopf kann Schattierungen auf der Stirn aufweisen, die von den Amerikanern oft „Cobwebbing" (Spinnengewebe) genannt werden, und das Gesicht bzw. die Maulpartie sind dunkel, was man „sooty" (rußig) nennt im amerikanischen Sprachgebrauch.

Dun darf man nicht mit Buckskin verwechseln (beides Falbfarben), denn beide Farben können sich sehr ähneln. Der Unterschied liegt darin, daß Buckskins keinen Aalstrich und keine Zebrierung haben.

Ein bekannter Pferdegenetiker schrieb:

„Es scheint eine generelle Verwirrung bezüglich falber und graufalber Pferde zu geben. Das sind zwar sehr interessante Farben, aber sie stehen nicht für eine bestimmte Rasse. Diese Falben mit Aalstrich weisen in einer Gruppe von Pferden nicht auf stärkere spanische Abstammung hin als andere Farben. Zum Beispiel sind die norwegischen Fjordpferde alle Falben mit Aalstrich, und sie haben überhaupt keine spanische Abstammung! Andere Rassen, die man als spanisch kennt, wie die Pasos und Peruvianer, haben sehr, sehr wenige Falben mit Aalstrich."

Dazu ist zu sagen, daß es zwar korrekt ist, daß ein Pferd selbstverständlich nicht dadurch „spanisch" wird, nur weil es einen Aalstrich und Zebrastreifen hat, aber es ist unbestreitbar, daß die *charakteristische* Falb- und Graufalbfärbung die des autochthonen iberischen Wildpferdes ist. Es ist darum völlig falsch, dieser Farbe keine Bedeutung zuzumessen, wenn es darum geht, zu beurteilen, ob ein Pferd im Typ spanisch ist oder nicht.

Die Falbfärbung des Sorraias oder Form-III-Pferdes ist anders als die, welche in nördlichen Rassen gefunden wird. Wenn wir beim norwegischen Fjordpony bleiben, so hat dies meistens ein Mehlmaul und Aufhellungen im Bauch- und Flankenbereich; es ist ein Falbe, der außerdem das Muster der Form I „übergestülpt" hat.

Die Falbfarbe des Sorraias ist anders, und der auffälligste Unterschied ist das dunkle Gesicht bzw. Maul, im Gegensatz zum Mehlmaul.

Es gibt aber durchaus Experten, die auch die Falbfarbe des Fjordponys der Form III, also dem iberischen Pferd, zuschreiben, denn es ist ein Irrtum, daß die Fjordponys völlig frei von iberischem Einfluß seien. Obwohl der spanische Einfluß in der Rasse gering ist, weiß man trotzdem von spanischen Pferden oder solchen mit spanischem Blut, die nach Norwegen gekommen sind. Die Falbfarbe des Fjordponys, das früher kleiner und braun gewesen sein soll, ist jedenfalls aufgrund züchterischer Auslese vorherrschend. Wenn man gelbfalbe Sorraias aus einer gewissen Entfernung sieht, wird man an Fjordponys erinnert. Es ist in dem Zusammenhang auch interessant, daß das Fjordpony im Vergleich zum Haflinger, der ja vom Kaliber her vergleichbar ist, deutlich weniger Kaltblutmerkmale zeigt. Es hat eine Oberlinie und Kruppenform, die mehr zur Form III hin tendieren. Eine gespaltene Kruppe, wie sie beim Haflinger gang und gäbe ist, ist für das Fjordpony atypisch. Es gibt durchaus Anhaltspunkte dafür, daß man zusammen mit der Selektion auf die Falbfarbe und auf Größe hin auch auf Form-III-Gebäudemerkmale hin selektiert hat. Manche Fjordponys sind auch dunkler oder sogar graufalb mit dunklem Gesicht, und die sind fast immer edler, feinknochiger und verraten ihr südliches Erbe.

Auch am Beispiel des Mongolischen Wildpferdes kann illustriert werden, wie auch die Falbfarbe wilder Pferde unterschiedlich sein kann. Es ist falbfarben und zeigt auf der Falbfarbe das Aufhellungsmuster, das bei der Form I zu beobachten ist, nur gewöhnlich stärker ausgeprägt: es hat ein Mehlmaul und ist am Bauch, in den Flanken und zwischen den Hinterschenkeln deutlich aufgehellt. Die Falbfarbe des Mongolischen Wildpferdes ist oft rötlicher als die der Form III, es hat einen Aalstrich und dunkle untere Gliedmaßen, aber Zebrastreifen fehlen häufig.

Natürlich haben Rassen wie die Pasos eine iberische Herkunft, aber ihre überwiegend braune Farbe stammt von ihren Form-I-, d.h. Garrano-Vorfahren, denen sie auch im Gebäude mehr gleichen. Man darf auch nicht vergessen, daß es sich um Zuchtrassen handelt und daß die Farbe wahrscheinlich aufgrund von Selektion überwiegt. Es muß außerdem berücksichtigt werden, daß diese braune Farbe noch kein spanisches Merkmal ist, weil die Form I in erster Linie ein Tier des nördlichen Europas war.

Die häufigste Färbung der Sorraias ist eine gelbbraune Falbfarbe. Oft sind sie auch graufalb, wobei es sich meistens um ein helleres Grau handelt. Manche wirken im glatten Sommerfell grauer als im Winterfell.

Der griechische Autor STRABON (63 v. Chr. - 20 n. Chr.) beschrieb die iberischen Pferde als „Falben mit undeutlicher Streifung". ST. ISIDOR VON SEVILLA beschrieb ihre Farbe als *dosinus*, eselsfarben (=grau).

Experten sind sich einig, daß der Sorraia keine Fremdeinflüsse erkennen läßt (d.h. Form-IV- oder nordeuropäisches Blut) und daß die heutigen Sorraias wahrscheinlich noch genauso aussehen wie vor Tausenden von Jahren. Ruy D'ANDRADE hat in den Sorraias keine neue Rasse gegründet. Er gab den Sorraias, die er sich sichern konnte, auf seinem Besitztum einen neuen Lebensraum, hielt sie in halbwildem Zustand und erlaubte der Natur, die entsprechende Auslese zu treffen. Er glaubte daran, daß die Natur auf den richtigen Typ hin selektieren würde, wenn er die Pferde in ihrer angestammten Umgebung sich selbst überließ.

„Ich war überzeugt, daß sich die Pferde unter günstigeren Bedingungen besser entwickelt hätten", schrieb D'ANDRADE in bezug auf den kargen Boden der Gegend. „Ich habe aber ihr Gebiet absichtlich nicht verändert, denn es war meine Intention, ihre ureigenen Eigenschaften herauszubringen. In diesem armen, entlegenen Gebiet hatten sie, trotz der Verlassenheit und der Vernachlässigung durch die Züchter, in ihrer ursprünglichen Form überleben können. Hier war das richtige Milieu, ihre Eigenschaften zu rekonsolidieren und ihre ursprüngliche Art zu erhalten."

Wenn D'ANDRADE von „Züchtern" spricht, so gebrauchte er den Ausdruck nicht in dem Sinn, wie wir ihn heute verstehen. Die Sorraias, die er ursprünglich sah, lebten wild, aber selbst das wilde, unkultivierte Land, auf dem sie lebten, gehörte jemandem, wie auch die wilden Pferde, die darauf lebten, was diesen zum „Züchter" derselben machte. Andere Pferde derselben Form wurden offensichtlich in halbwildem oder halbdomestiziertem Zustand gehalten.

Ganz oben: „Fischgrätenmuster" auf dem Rücken eines Mustang-Fohlens
Darunter: Das Quagga Südafrikas wurde von den Buren ausgerottet. Es war nur (noch?) im vorderen Bereich gestreift. Wildtiere der Busch- und Waldgebiete sind gewöhnlich stark gestreift oder gefleckt (Tarnung), so daß die Annahme einige Berechtigung hat, daß auch die buschbewohnenden Ahnen der Pferde in der Vorzeit gestreift gewesen seien und im Zuge der Anpassung an ein Steppenleben die Streifung nach und nach abgelegt haben

Da D'ANDRADE keine Aufsplittung in andere Typen von seiner Ausgangsgruppe zu verzeichnen hatte, kann man mit Recht annehmen, daß diese typrein waren.

Da alle heute lebenden Sorraias von jenen wenigen abstammen, die sich D'ANDRADE damals gesichert hatte, ist der Inzuchtfaktor erheblich. Da ist es bemerkenswert, daß sie dennoch keine Degenerationserscheinungen zeigen und auch ihre Fruchtbarkeit nicht schlechter ist als in anderen Pferdepopulationen.

Das Schicksal des Sorraia-Pferdes war ähnlich dem des Mongolischen Wildpferdes. Beide waren fast ausgerottet, als einige wenige Exemplare ihrer Unterart sichergestellt wurden. Als die ersten Mongolischen Wildpferde gefangen wurden, war das allerdings mehr Raubbau als Rettung, und die Erhaltung der Art wurde von manchen Fängern nur als Vorwand angegeben. Der Art wäre besser gedient gewesen, hätte man sie im Ursprungsland im Wildzustand unter Schutz gestellt. Nachdem wie es sich aber dann entwickelt hat, gäbe es heute wahrscheinlich keine Mongolischen Wildpferde mehr, wenn sie nicht in Zoos erhalten worden wären.

Der Fall lag bei den Sorraias anders. Portugal ist ein kleines Land, und die Gebiete, in denen sie Zuflucht gefunden hatten, verschwanden rasch. Was D'ANDRADE getan hat, war ein reiner Rettungsakt. Das ganze Land ist mittlerweile seit Jahrzehnten kultiviert.

Die heutigen Mongolischen Wildpferde gehen auch auf eine ähnlich kleine Anzahl von Tieren zurück. Zunächst standen mehr zur Verfügung (54), aber viele Pferde wurden in der Gefangenschaft sexuell inaktiv oder unfruchtbar. Nur 13 wurden zu Stammeltern des weltweiten Zuchtprogramms, das zur Erhaltung dieser Unterart entwickelt wurde! Heute ist die Fruchtbarkeitsrate der Mongolischen Wildpferdpopulation von weltweit über 1.000 Tieren sehr niedrig, wofür gewöhnlich die Inzucht verantwortlich gemacht wird.

Die Basis der Sorraia-Population war glücklich genug, halbwild im alten Lebensraum gehalten zu werden und zeigte nicht die gefangenschaftsbedingten Stress-Symptome. Vielleicht hat die Fruchtbarkeit der Pferde deshalb kaum gelitten. Daß ihnen von Natur aus ein freundlicheres Wesen eigen ist, mag ihnen auch geholfen haben, mit der neuen Situation zurechtzukommen.

Gerade wie die Mongolischen Wildpferde nicht mehr ganz rein waren, als die letzten gefangen wurden, muß man dasselbe auch von den Sorraias vermuten. Die Zoologen sind aber offensichtlich nicht beunruhigt durch gelegentliches Herausmendeln von Hauspferdemerkmalen bei den Mongolischen Wildpferden und erwarten, daß der ursprüngliche Typ sich durchsetzt, und dasselbe muß auch für die Sorraias gelten.

Und so ist es auch. Der Typ vererbt sich durchschlagend. Sehr wenige Sorraias zeigen Hinweise auf Fremdblut, und solange sie nicht auf falsche Merkmale hin selektiert werden, besteht keine Gefahr, daß ihr Typ verlorengeht. Bei Anpaarungen mit anderen Pferden vererben sich die Sorraia-Merkmale dominant.

Wenn es Fremdbluteinflüsse bei den Sorraias geben sollte, wären die durch ein geschicktes Management leicht wieder auszuschließen. Ein ausgeklügeltes Computer-Programm, wie es für das weltweite Zuchtprogramm für Mongolische Wildpferde eingesetzt wird, könnte auch bei den Sorraias helfen, durch Anpaarung von Tieren, die möglichst weit entfernt verwandt sind, die Inzucht auf ein Minimum zu reduzieren.

Eine Eigenschaft scheinen sie allerdings nach und nach zu verlieren (was von einigen Züchtern der starken Inzucht angelastet wird), und das ist die ausgeprägte Streifung oder Zebrierung. Manche Wissenschaftler gehen davon aus, daß diese Unterart zu der Zeit, als Domestikation und Ausrottung begannen, im Begriff war, im Zuge der Evolution diese Streifung zu verlieren. Ein passendes Beispiel könnte hier das Quagga sein, eine südafrikanische Zebraart, die zum Zeitpunkt ihrer Ausrottung durch die Buren nur (noch) im vorderen Bereich gestreift war.

Von der Gruppe wilder Sorraias, die D'ANDRADE zuerst sah, hatten nach seinen eigenen Angaben nicht alle die extreme Zebrierung. Dieser Prozeß des Ablegens der Streifen mag durch die starke Inzucht, der die Sorraias in den letzten fünf oder sechs Jahrzehnten ausgesetzt waren, beschleunigt worden sein.

Ein anderer Aspekt ist der, daß es D'ANDRADE nach seinen eigenen Berichten nicht gelungen war, Pferde mit solch starker Streifung als Grundstock für sein Erhaltungsprogramm zu bekommen. Er war überzeugt, daß bei entsprechender Anpaarung auch dieses Merkmal in künftigen Generationen wieder herausmendeln würde - aber das genau mag aufgrund der Inzucht eben nicht geschehen sein. D'ANDRADE bemerkte außerdem: „Wann immer andalusische Pferde wild leben konnten, trat die Falbfarbe bzw. die mausfalbe Farbe wieder auf, auch die Streifung. Das geschah auch mit den Pferden in Argentinien, Chile, Mexiko und in den südwestlichen Staaten der USA (Texas, Arizona, Colorado etc.)."

Es ist in der Tat ein glücklicher Umstand, daß die Sorraia Mustangs heute noch diese Zebrierung oft ausgeprägter aufweisen als die Sorraias in Europa.

Da manche Sorraias von Natur aus tölten, ist es möglich, daß die Tendenz zu lateralen Gangarten, die in verschiedenen neuweltlichen Rassen spanischer Abkunft zu finden ist, im Sorraia ihren Ursprung hat. Nicht alle Sorraias zeigen aber diese Veranlagung.

Wenn wir zurück gehen zum eigentlichen Thema, dem spanischen Mustang, so ist es eine Tatsache, daß wir unter den heutigen Mustangs solche finden können, die so sehr dem Sorraia gleichen, daß man sie nicht unterscheiden kann. Diese sind es, die in erster Linie als „Spanish Mustangs" gelten müssen, wenn diese Bezeichnung überhaupt sinnvoll angewandt werden soll.

Kann nur der Mustang im Sorraia-Typ als Spanish Mustang gelten?

Wie schon ausgeführt, ist eine zweite Pferdeform ebenfalls einheimisch in Iberien, und zwar im bergigen Norden: der Garrano, ein Pony der Form I, dessen mehr oder weniger domestizierten Abkömmlinge auch heute noch in verschiedenen Regionen der iberischen Halbinsel gefunden werden (heutzutage meistens nicht mehr typrein). Der Garrano ist an verschiedenen iberischen Rassen beteiligt gewesen und hat auch einen gewissen Einfluß auf die südiberischen Rassen gehabt; die braune (und schwarze) Farbe mancher Andalusier und Lusitanos geht auf das Konto des Garranos, wie die Schimmelfarbe vieler heutiger Andalusier und Lusitanos von Arabereinkreuzungen in relativ jüngerer Zeit herrührt.

Zweifellos hatten manche der Pferde, die von den spanischen Eroberern in die neue Welt gebracht wurden, einen gewissen Garrano-Anteil. Das zeigt sich auch in manchen neuweltlichen Rassen, wie z.B. den Pasos und dem Galiceño, die in

Wildlebende Pryor Mountain Mustangs auf großflächigem Privatland in Montana, wo sie scheuer sind als im Pryor Mountain-Schutzgebiet

Typischer Ramskopf, wie er durchgängig auf allen alten Darstellungen von spanischen oder iberisch beeinflußten Pferden zu finden ist (Lusitano-Kopf, nach einem Gemälde von 1753)

Farbe und Exterieur eine Mischung der beiden Formen darstellen.

Diese nordiberischen Ponies sind, wie gesagt, nicht typisch spanisch, sondern im Grunde eine nordeuropäische Ponyform. Tatsache ist aber, daß sie seit der letzten Eiszeit in Nordiberien einheimisch sind und daß die domestizierten spanischen Pferde, die von Kolumbus und anderen herübergebracht wurden, zumindest zu einem Teil auch ihr Erbgut führten. Darum traf dies auch auf viele der entlaufenen Abkömmlinge dieser Pferde zu, die spanischen Mustangs.

Wenn wir also feststellen wollen, was einen spanischen Mustang ausmacht, ist es ein stichhaltiges Argument, daß aus oben genannten Gründen Garrano- oder Form-I-Merkmale bei einem Kandidaten akzeptiert werden müssen. Das wurde tatsächlich - unwissentlich - von allen bestehenden Mustang-Verbänden getan. Das Problem ist, daß ihnen nicht klar ist, wo sie Form-I-Merkmale verlangen, und daß sie sogar so weit gehen, Form-III-Merkmale abzulehnen, die Merkmale, die wirklich und essentiell spanisch bzw. iberisch sind.

Abhängig davon, wie wir „Spanish Mustang" definieren, müssen wir also Form-I-Merkmale akzeptieren, aber nur als graduellen Einfluß bei einem Pferd, das ansonsten ein Form-III-Pferd darstellt.

Mustangs mit Form-II-Merkmalen oder Form-IV-Merkmalen dagegen können nicht als rein spanisch im Typ angesehen werden, selbst wenn einige der Pferde der spanischen Conquistadores solche Merkmale gehabt haben mögen. Diese nicht-spanischen Merkmale werden nicht dadurch zu spanischen Merkmalen, weil gewisse Pferde zur Kolonialzeit diese aufwiesen.

Nachstehend sollen einmal direkt einige der Merkmale angesprochen werden, die immer wieder als typisch spanisch dargestellt werden bzw. als Anforderungen für Spanish Mustangs:

- Flache, breite Stirn.

Eine solche Stirn ist typisch für die Form I, es ist ein Ponymerkmal. Das typisch iberische (Form-III-) Pferd hat eine mehr konvexe, eher schmale Stirn; manchmal ist sie sogar sehr schmal.

- „Tiefer", ramsnasiger Kopf.

Eine „tiefer" Kopf bedeutet, daß dieser, von der Seite gesehen, nicht schmal ist, sondern daß die Ausdehnung zwischen Stirn und Unterkieferbogen (Ganasche) groß ist. Das ist typisch für ein Form-II-Pferd, also einen Kaltblüter. Auch eine Rams*nase* ist ein Form-II-Merkmal. Dergleichen zu fordern oder als zum spanischen Typ gehörig hinzustellen, ist also falsch.

Man muß unterscheiden zwischen einer Ramsnase und einem Ramskopf. Im ersten Fall ist nur die Nase elchartig aufgewölbt, und die Stirn kann gerade sein. Im zweiten Fall ist das gesamte Kopfprofil leicht konvex, d.h. bananenähnlich leicht oder stärker nach außen gewölbt, und das ist typisch für das Sorraia-Pferd.

- „Klassischer spanischer Kopf".

Wer entscheidet, was ein „klassischer spanischer Kopf" ist? Nicht nur weil das bodenständige südiberische Pferd einen subkonvexen Kopf hat, ist es dieser, der als klassisch-spanisch bezeichnet werden muß, sondern auch, weil es Pferde mit diesem Kopfprofil waren, die durch die Jahrhunderte hindurch in allen klassischen Porträts iberischer Pferde dargestellt wurden. Wenn diese vage Bezeichnung also angewandt werden soll, dann trifft sie auf den subkonvexen Kopf zu.

- Gekrümmte Ohren („hooked Ears").

Gekrümmte Ohren werden oft angeführt, können aber nicht als typisch für das spanische Pferd gelten bzw. nicht zur Bedingung gemacht werden, da Sorraias diese nicht haben. Stark gekrümmte Ohren (= sichelförmig gekrümmte oder „zugeschnittene") deuten vielmehr auf Araber-, d.h. Form-IV-Einfluß hin.

- Kleine Ohren.

Der Wert, der gewöhnlich auf kleine Ohren gelegt wird, ist überhaupt nicht gerechtfertigt. Kleine Ohren zeigen Form-I-Einfluß an, der nicht unbedingt spanisch ist. Das reine spanische Pferd (Form III) hat längere und schlanke Ohren.

- Kurzer Rücken.

Der immer wieder verlangte kurze Rücken entbehrt der Grundlage. Weder Form I, noch Form III, haben einen besonders kurzen Rücken. Wahrscheinlich hängt das noch zusammen mit BRISLAWN'S 5-Lendenwirbel-Theorie. Andererseits hat ein typisch spanisches Pferd auch keinen besonders langen Rücken, denn der würde ein Form-II-Erbe anzeigen. Moderne Andalusier und Lusitanos haben oft einen eher kurzen Rücken, was offensichtlich das Ergebnis züchterischer Bemühungen ist.

- Tölt.

Die Töltveranlagung sollte ebenfalls nicht zur Bedingung gemacht werden, obwohl sie bei Sorraias vorkommt. Da sie weltweit in so unterschiedlichen Rassen wie Islandponys und American Saddlebreds gefunden wird, mag eine vorhandene Töltveranlagung weder auf die eine oder auf die andere Weise etwas beweisen.

- Beidseitige Mähne.

Eine beidseitige Mähne, wie sie in einer BLM-Broschüre beschrieben wird, bedeutet entweder Form-I- oder Form-II-Einfluß und ist darum kein spanisches Merkmal.

- Größe.

Die Größe spielt keine so wesentliche Rolle. Ein Pferd kann aufgrund widriger Umstände unterentwickelt und darum kleiner sein, als es seinen Erbanlagen entspricht. Es wäre auch falsch, ein Tier deshalb abzulehnen, weil es etwas größer als der Durchschnitt ist, solange es im richtigen Typ steht. Wenn Sorraias gut gepflegt und gefüttert werden, können sie über 1,50 m werden. Wer will dann einen Mustang nur deshalb als „nicht spanisch" einstufen, nur weil er diese Größe erreicht?

- Fehlen der Kastanien.

Nach manchen Quellen soll das Fehlen der Kastanien an den Hinterbeinen für spanische Pferde typisch sein. Das kann keine gültige Aussage sein, da praktisch alle Sorraias Kastanien haben (und Lusitanos und Andalusier auch). Da Kastanien sowieso Rudimente darstellen, kann deren Fehlen auch kein Hinweis auf eine entwicklungsgeschichtlich ursprünglichere Form sein, sondern nur das Gegenteil anzeigen.

- Schwarze Farbe.

Es gibt überhaupt keinen Grund, das Vorhandensein vieler Rappen in einer Population als Hinweis auf spanisches Blut zu werten. Dasselbe gilt für Schimmel und für Roans (unveränderliche Schimmel).

- Farbenvielfalt.

Manchmal wird gerade das Vorhandensein vieler unterschiedlicher Farben als Hinweis auf ein spanisches Erbe gewertet, was überhaupt keinen Sinn macht. Man kann argumentieren, daß das Vorhandensein unterschiedlicher Farben ein Hinweis darauf ist, daß der Mensch nicht regulierend eingegriffen hat, man kann auch argumentieren, daß das spanische Pferd zur Kolonialzeit bereits in den unterschiedlichen Farben vertreten war. Das ist richtig. Aber man kann die Farbe als möglichen Indikator für ein spanisches oder nicht-spanisches Erbe nicht einfach außer Acht lassen, und die typische Falb- oder Graufalbfarbe ist, entgegen mancher Veröffentlichungen, unbestreitbar die Farbe des spanischen Pferdes. Wann immer wir ein Pferd haben, das diese Färbung *und* das Gebäude aufweist, das wir mit diesem Typ verbinden, können wir es mit Recht als spanischen Typ bezeichnen.

Portugiesischer Hirte auf einem Sorraia-Wallach mit klassischem Kopfprofil, guter Halsung mit leichtem Genick und schräger, langer Kruppe

DIE ERHALTUNG DES SPANISCHEN MUSTANGS UND DES SORRAIA-PFERDES

Der Sorraia Mustang, eine zoologische Sensation?

Wie dem geneigten Leser inzwischen klar ist, ist die Erhaltung des Mustangs, der das ursprüngliche iberische Wildpferd verkörpert, eine der Urformen aus denen unsere Hauspferde entstanden, von viel größerer Bedeutung als was das amerikanische „Wild Free-Roaming Horse and Burro"-Gesetz vorgesehen hatte.

Manche Mustangs mögen den Sorraia (oder die Urwildpferdform III) ebenso gut repräsentieren wie jene Pferde, die es in Portugal noch gibt. Man kann mit Recht argumentieren, daß gewisse amerikanische Mustangs keine weniger authentischen Repräsentanten des Form-III- oder Sorraia-Pferdes sein mögen als die Tiere, die von d'Andrades Pferden abstammen. Sie haben dieselbe Herkunft, und sie haben im Grunde dieselbe Geschichte - sie stammen vom selben Wildpferd ab und haben in abgelegenen Gebieten ohne menschliches Zutun ihre Identität erhalten. Der einzige offenkundige Unterschied zwischen den portugiesischen Sorraias und den „amerikanischen Sorraias" besteht darin, daß die ersteren in Portugal überlebten und die letzteren in Amerika.

Daß wir dieses Pferd in Amerika immer noch wildlebend finden, ist fast ein Wunder. Es wurde alles unternommen, es zu vernichten - es wurde aus den Gebieten verdrängt, die ihm gute Lebensbedingungen boten, sein Lebensraum wurde rigoros beschnitten, es wurde mit Hilfe moderner Technologien gejagt und getötet, und durch das Freilassen aller möglichen Pferde wurde alles getan, was seine Erbanlagen total hätte durcheinander bringen können. Und doch ist es immer noch da, hat allen Widrigkeiten zum Trotz überlebt!

Uns ist es nicht zu verdanken, daß es heute noch existiert, aber wir können Maßnahmen treffen, sozusagen um fünf vor zwölf, um seinen Erhalt noch zu sichern und eine Tierart vor dem Untergang zu retten!

Es überdauerte uns zum Trotz. Jetzt ist es höchste Zeit, daß der Mensch eingreift und es buchstäblich in letzter Minute unter Schutz stellt!

Ein Reservat, ein Schutzgebiet für Sorraia Mustangs ist noch immer realisierbar und sollte ohne weitere Verzögerung in Angriff genommen werden. Jedes Jahr gehen Pferde, die in dieser Beziehung wertvoll sind, verloren. Sie werden zusammengetrieben, zur Adoption freigegeben und verschwinden dann im Ungewissen, nachdem die Adoptierer die Pferde auf ihren Namen überschrieben bekommen haben - nicht selten in Schlachthäusern. Mit ihnen verlieren wir ein Stück Geschichte und unschätzbares genetisches Potential.

Das Wild Horse Program des amerikanischen Bureau of Land Management bietet eine einzigartige Chance, genetisch und kulturell besonders wertvolle Mustangs zu erhalten. Es stellt eine funktionierende Organisation von Spezialisten dar, welche das Gesetz ausüben, das den amerikanischen wilden Pferden Schutz garantiert. Zugegebenermaßen ist ihre Aufgabe nicht ausdrücklich die Erhaltung zoologisch wertvoller Pferde, aber andererseits ist im amerikanischen Gesetz auch keine Bevorzugung undefinierbarer Bastardpferde als einzig legitimer Bestand auf Amerikas Staatsland verankert.

Das Gesetz von 1971 läßt offensichtlich einen Freiraum für das Management spezieller Herden oder Populationen. Schließlich wurde genau das mit den Kiger Mustangs in Oregon gemacht, die nicht nur auf einen speziellen Typ hin gemanagt, sondern auch in ihr jetziges Gebiet verpflanzt wurden. Andere Herd Management Areas in Oregon wurden auf bestimmte Farben hin beeinflußt - Schecken, Palominos, Tigerschecken etc.

Manche Herden werden bereits auf den spanischen Typ hin gemanagt und bestehen überwiegend aus Pferden, die als Spanish Mustangs gelten können, wie die Kiger Mustangs und die Sulphur Springs Mustangs. Aber bislang gibt es noch kein Projekt zur Rettung und Reinerhaltung des Mustangs, der das Sorraia-Pferd repräsentiert. Es könnte verwirklicht werden und wäre sicher mit dem Gesetz vereinbar, eine Herd Management Area diesem Zweck zu widmen, in der ohnehin bereits einige Exemplare dieser Form leben (alle Pferde, die der Form nicht rein entsprechen, müßten herausgefangen werden), oder eine ganz neue Herde zu gründen, in der nur Sorraia Mustangs zusammengeführt werden.

Ein solches Projekt würde für das Sorraia-Pferd ein zweites Standbein in der Welt bedeuten und das frische Blut bieten, das der ingezogenen europäischen Population so dringend fehlt. Es wäre von weltweitem Interesse für Pferdeleute und Wissenschaftler unterschiedlicher Fachgebiete!

Sorraia Mustang Wild Horse Range

Die Sorraias, die in Portugal dank der Bemühungen von Ruy d'Andrade und seiner Familie überlebt haben, stammen alle von jener Handvoll Tieren ab, die er sich damals gesichert hatte. Ein Staatsgestüt erwarb später einige Stuten, wie auch zwei oder drei private Züchter in Portugal und Deutschland.

Die ganze Population wird nicht größer als 150 Tiere geschätzt. Weil sie alle eng verwandt sind, repräsentieren sie nur einen kleinen genetischen Pool, was ein echtes Problem darstellt. Eine Studie hatte vor kurzem gezeigt, daß der Grad der Inzucht z.T. bis zu 60 % beträgt.

Es würde nicht schwer sein, eine ausreichende Zahl von Sorraia Mustangs im amerikanischen Westen auszuwählen. Sie würden einen separaten genetischen Pool und doch dieselbe Wildpferdform darstellen.

Diese Sorraia Mustangs könnten in verschiedenen der derzeitigen Herd Management-Gebieten des BLM gefunden werden, am leichtesten in der Sulphur Springs-Herde in Südutah und der Kiger-Herde in Südoregon, aber es ist durchaus möglich, daß Mustangs dieses Typs auch in anderen Populationen zu finden sind. Das Schutzgebiet müßte sehr abgelegen liegen oder würde eingezäunt werden müssen, damit gesetzwidrige Belästigungen, Diebstahl und Verkreuzungen mit zugelaufenen Pferden möglichst ausgeschlossen werden.

Eine Gruppe junger Hengste im Kiger-Schutzgebiet - es sind „Bergaufpferde", der ausgeprägte Widerrist ist deutlich höher als die Kruppe

Es gäbe die Möglichkeit, Sorraias aus Portugal einer amerikanischen Herde zuzufügen, als eine zusätzliche Maßnahme zur Konsolidierung der Unterart. Das wäre nicht unbedingt erforderlich, aber sicher erwägenswert. Langfristig könnte ein wissenschaftlich ausgerichtetes Zuchtprogramm eingerichtet werden mit iberischen und amerikanischen Sorraias, um den Verwandschaftsgrad der Pferde zu überwachen und möglichst wenig verwandte Pferde zu paaren, wie es per Computer-Programm mit der über alle Teile der Welt verstreuten Population Mongolischer Wildpferde gehandhabt wird.

Es wird aus verschiedenen Gründen schwierig sein, Änderungen im Management des BLM herbeizuführen. Das BLM arbeitet entsprechend dem Mandat und den Anweisungen des Innenministeriums. Zur Zeit ist es so, daß BLM-Niederlassungen auf lokaler Ebene entscheiden, in welche Richtung sie mit ihrem Management der wilden Pferde arbeiten. Diejenigen, die gewisse Anstrengungen in Richtung Spanish Mustang machen, haben dennoch meistens keine klare Vorstellung oder Richtlinien, wie dieser Typ denn aussehen soll, und sie wurden von verschiedenen sogenannten Experten beeinflußt. In manchen Fällen haben sie auch Laien erlaubt, Einfluß auf ihre Entscheidungen zu nehmen, welche Pferde zurück in die Wildbahn entlassen werden sollten und welche nicht, nur weil diese Leute viel draußen bei den Pferden waren, ihnen Namen gegeben hatten und sie allgemein als ihre Lieblinge ansahen, die sie natürlich nicht evakuiert sehen wollten.

Das ist alles nicht weiter tragisch, solange es um gewöhnliche Durchschnitts-Mustangs geht und die wenigen verbliebenen Sorraia Mustangs den Schutz genießen, den sie verdienen.

Tom Pogacnik, Chief des nationalen Wild Horse Program, der in Reno in Nevada sein Büro hat, ist nicht gegen ein solches Reservat für eine spezielle Herde von Sorraia Mustangs:

„Wenn dokumentiert wird, daß bestimmte Pferde tatsächlich etwas Besonderes sind, können wir das schon bewerkstelligen. Die meisten unserer Wild Horse Specialists sind auch sehr daran interessiert und werden gern entsprechend arbeiten."

Ein weiterer Gesichtspunkt - wahrscheinlich der kritischste - ist das finanzielle Problem, denn auch so müssen die Management-Pläne manchmal unter Finanzierungsproblemen leiden. Aber auch in Zukunft muß Geld für das Management der wilden Pferde bereitgestellt werden, und da ist die Erhaltung dieser bedrohten Art nicht teurer als das Management gewöhnlicher Durchschnitts-Mustangs, aber ungleich wichtiger.

Die Sorraia Mustangs würden bald zur Besonderheit und auch recht wertvoll sein. Sie könnten einen weltweiten Markt finden, was die Unterhaltskosten verringern würde.

Warum wäre ein Sorraia Mustang-Reservat wertvoll?

Zunächst einmal wäre es ein lebendiges Monument für einen unglaublichen Part der amerikanischen Geschichte - eine Tierart, die auf dem Kontinent trotz widriger Umstände Jahrhunderte überdauerte. Es wäre da für künftige Generationen, um bestaunt zu werden und um sich daran zu erfreuen. Wie die Sorraias des d'Andrade-Schutzprogramms von Genetikern, Zoologen und Verhaltensforschern aus verschiedenen Teilen der Welt besucht wurden, kann man das auch von den „amerikanischen Sorraias“ annehmen. Dort könnte ein solches Schutzgebiet aufgrund seiner Größe noch bessere Voraussetzungen für Studien von solchen Pferden bieten, die tatsächlich wild leben.

Die sogenannten Tarpane werden in zoologischen Gärten ausgestellt (und haben in Amerika sogar ihre eigene Zuchtorganisation), obwohl sie nur das Resultat eines Rückzüchtungsprogramms sind. Wie erfolgreich kann das Rückzüchtungsprogramm gewesen sein, wenn niemand genau wußte, wie ein solcher Tarpan aussah? Denn der letzte Tarpan in freier Wildbahn wurde vor über hundert Jahren erlegt, und ebenso lange ist es her, als der letzte im Münchener Zoo starb. Beide waren wahrscheinlich bereits keine reinblütigen Tarpane mehr. Es ist auch bekannt, daß bei den Rückzüchtungsversuchen Mongolische Wildpferde verwandt wurden, ob-wohl wir das Mongolische Wildpferd als eine separate Unterart ansehen müssen! Welchen Wert kann man also diesen sogenannten Tarpanen beimessen? Und doch halten Tierparks sie für wertvoll genug, um sie auszustellen.

Die Sorraia-Pferde dagegen sind authentisch. Sie sind daher zoologisch ungleich wertvoller und könnten als Beispiel des autochthonen südeuropäischen Wildpferdes auch in solchen zoologischen Gärten gehalten und gezeigt werden, die Pferden artgerechte Haltungsbedingungen - vor allem viel Auslauf - bieten können.

Die Urwildpferdeformen unterschieden sich nicht nur im Exterieur, sondern auch in den Verhaltensweisen. Das Sorraia Mustang Reservat könnte die Art von Lebensraum bieten, für den diese ursprüngliche Form Pferd adaptiert ist und somit akkurate Verhaltensstudien ermöglichen.

Farbgenetik ist ein weiteres Thema. Bei domestizierten Pferden produziert eine Anpaarung zweier Elterntiere, die jeder einen Aufhellungsfaktor haben (Falbe, Palomino), häufig fast weiße Fohlen (Cremellos, Perlinos, Albinos). Warum tritt dies bei Falben des Sorraia-Typs praktisch nicht ein? Eine Forschung auf diesem Gebiet könnte uns ein besseres Verständnis der Farbgenetik bringen.

Wenn der originale Genotyp erst einmal nicht mehr existent ist, haben wir wahrscheinlich eine weitere Chance vertan, das Pferd ganz zu verstehen.

Andere Studien könnten betrieben werden bezüglich der besonderen Zähne dieser Pferde und der Knochendichte.

Der Stoffwechsel der Islandponys, die ja die nördlichen Formen I und II repräsentieren, soll sich von denen anderer domestizierter Pferde unterscheiden. Diese Tiere sollen Fett in der Unterhaut speichern können, als zusätzlichen Schutz gegen das kalte und nasse Klima. Es könnte sehr interessant und aufschlußreich sein, herauszufinden, was die Form-III-Pferde für Besonderheiten aufweisen.

Dies sind nur ein paar Überlegungen bezüglich möglicher wissenschaftlicher Ausnutzung eines solchen Schutzgebietes.

Schließlich würden die typischen Umwelteinflüsse, zusammen mit dem Schutz vor Verkreuzungen und dem sorgfältigen Aussondern etwaiger atypischer Nachkommen, die Pferde genetisch festigen und eine konsolidierte Population hervorbringen, die das originale Form-III-Wildpferd völlig verkörpert.

Auch bei diesem Kiger Mustang-Hengst ist das charakteristische Gebäude des iberischen Pferdes gut zu erkennen

Werden die amerikanischen Verantwortlichen, wird das BLM diese Chance erkennen und eine Entscheidung von großer Wichtigkeit treffen und dem amerikanischen Volk und dem Rest der Welt eine zoologische Rarität erhalten?

Mustang-Herden, in denen Sorraia-Mustangs gefunden werden können

Das BLM hat alle Gebiete, in denen in Amerika Mustangs betreut werden, in sogenannte Herd Management Areas (HMA) aufgeteilt. Einige davon haben einen größeren Prozentsatz an Pferden des Sorraia-Typs als andere. Dies sind besonders die folgenden:

Kiger Mustangs

Die Mustang-Herde, die vielleicht die größte Aufmerksamkeit in der Öffentlichkeit gewonnen hat, ist die Kiger-Herde im Südosten von Oregon. Das liegt einmal an den spanischen Merkmalen der Pferde, aber auch an der Art, wie sie gemanagt und promotet wurde.

Die Tiere der Kiger-Herde sind heute wahrscheinlich die im Typ einheitlichsten Mustangs. Das liegt zum Teil wieder am

Eine Gruppe Kiger Mustangs hat eine Beunruhigung bemerkt und bringt sich durch die Flucht in Sicherheit

Ganz oben: Ein Kiger-Hengst markiert einen Dunghaufen mit seinem Urin
Darunter: Angst und bange kann es einem bei den Zusammentrieben oder „Gathers“ besonders um die Fohlen werden, weniger beim eigentlichen Treiben, als vielmehr anschließend, wenn die Pferde dichtgedrängt in den Fanggattern sind. Dieses Kleine hatte aber schließlich alles gut überstanden

Junge Kiger Mustangs in den Holding Pens in Burns, Oregon

So sah es im „Schlauch" aus beim 1996er Zusammentrieb der Kiger Mustangs. Hier hindurch wurden die Pferde getrieben, nachdem weit ausladende Fangzäune sie zuerst trichterförmig hineingeleitet hatten (am Ende des „Schlauches" befanden sich die Fang-Corrals). Über diese Felsbrocken flogen die Pferde mühelos im Galopp, ohne irgendwelche Verletzungen an den Beinen davongetragen zu haben!

Management, zum Teil an der Dominanz ihrer Gene. Die Kiger-Herde ist auch ein gutes Beispiel dafür, wie groß das Interesse in der amerikanischen Bevölkerung an spanischen Mustangs ist und wie gefragt Mustangs von erwiesener spanischer Abstammung sein würden und daß auch gutes Geld dafür ausgegeben würde: Bei jedem Zusammentrieb bzw. jeder Adoption von Kiger Mustangs mußten die verfügbaren Pferde ausgelost werden, weil es viel mehr potentielle Adoptierer gab als zu verteilende Pferde. Außerdem wurde die Zucht von Kiger Mustangs in privater Hand lohnend.

Als das BLM in Oregon 1974 den ersten Zusammentrieb durchführte, nachdem 1971 der Free-Roaming Wild Horse and Burro Act in Kraft getreten war, stellte das eine Bestandsaufnahme dar. Unter den Pferden, die beim Durchkämmen der Gebiete zusammengetrieben werden konnten, waren einige Falben, die nicht nur wegen ihrer Farbe, sondern auch aufgrund ihres Gebäudes herausstachen.

Willard „Bill" Phillips war damals der BLM Manager für das Gebiet, und er erinnert sich an die Anfänge der Population, die heute als Kiger-Herde bekannt ist, folgendermaßen:

„Ich hatte schon vorher Pferde dieses Typs beobachtet und hatte ein besonderes Interesse an ihnen. Ich hatte sie auf dem

Ganz oben: Kiger Mustang-Stute, die alle Sorraia-Merkmale in ausgeprägter Form aufweist
Mitte: Auch diese zweijährige Kiger Mustang-Stute könnte mit einem Sorraia verwechselt werden
Unten: Kiger Mustang-Fohlen, das ein eindeutiger „Sorraia Mustang" zu werden verspricht

Mesteño, von dem viele Kiger Mustangs abstammen
Foto Gibson/BLM

Kiger gesehen und anderweitig in der Nähe, wie im Beatys Butte-Gebiet. Diese Pferde waren ziemlich uniform, im Typ und in der Farbe, wenn man Dun und Grulla als eine Farbe nimmt.

Nach dem ersten Roundup konnten wir einen Nukleus von Pferden absondern, der ziemlich einheitlich im Typ war und definitiv in der Farbe. Ich muß sagen, daß wir die Kiger-Herde, wie sie heute existiert, nicht haben würden, wenn Ron Harding nicht gewesen wäre und Chris Vosler, unser District Manager."

Ron Harding vom BLM District Office in Burns hatte sich schon lange für spanische Mustangs interessiert. Er hatte sich jede Ladung der Pferde angesehen, die eingefangen worden waren, und dabei nach Pferden geschaut, die als Spanish Mustangs gelten konnten. Von Bob Bailey aus Burns, der vor 1971 im Land Mustangs gefangen hatte, war ihm berichtet worden, daß es eine Gruppe feingebauter spanischer Mustangs geben würde, die er nach dem Oriana Rim benannte, wo er sie beobachtet hatte. Nach Bailey würde man sie, wenn noch welche von ihnen existierten, wahrscheinlich im Gebiet von Beatys Butte finden.

„Bailey meinte, daß sie sich auf Beatys Butte hätten halten können, weil es dort nur wenige Zäune gab und das Land so unwegsam war, daß es für die Mustanger (Mustang-Jäger) keinen Zweck hatte, es dort zu versuchen", sagte Harding, der inzwischen Pensionär ist.

Im Herbst 1977 wurde auch auf Beatys Butte ein Zusammentrieb gemacht, und Harding ging wie immer zu den Corrals, um zu helfen, die Pferde abzuladen. Er hoffte, unter diesen Pferden „Spanish Mustangs" zu finden, und fand

Bill Phillips, der maßgeblich an der Gründung der Kiger-Herde beteiligt war

Kiger Mustang Familiengruppe mit zu Hoffnungen berechtigendem Fohlen

Auch diese Kiger Mustang-Stute ist ein gutes Beispiel für einen „Sorraia Mustang"

tatsächlich etwa ein Dutzend solcher Pferde unter den Mustangs dieses Transports.

„Sie hatten die Farbe und das Exterieur", sagte er. „Diese Pferde waren im Typ die besten, die ich je gesehen hatte."

Zwei weitere Ladungen wurden gebracht, und darunter waren mehr desselben Typs. Eine Gruppe von 27 Pferden wurde ausgesondert, die das Ausgangsmaterial für die heutige Kiger Mustang-Population bildete.

Damals schrieb Bill PHILLIPS einen Bericht, in dem er darlegte, daß das BLM, da es nun einmal Geld ausgeben mußte, um die wilden Herden zu verwalten, auf die Erhaltung dieser eigentümlichen Typen hin managen solle, denn „es kostet nicht mehr, diese Pferde zu verwalten, als irgendwelche andere. Und da diese Pferde der amerikanischen Bevölkerung gehören, hat die amerikanische Bevölkerung auch ein Recht, diese besonderen Typen erhalten zu bekommen."

Ron HARDING war seitdem weitgehend für die Kiger Mustangs verantwortlich. Er entschied, welche Pferde wieder freigelassen wurden und sich weiter vermehren durften und welche zur Adoption freigegeben wurden. Er hat versucht, einen spanischen Typ zu erzielen und zugleich Pferde zu bekommen, die sich leicht an den Mann bringen ließen auf den Adoptionsveranstaltungen, was bedeutet, daß sie schön genug sein mußten.

In den folgenden Jahren vermehrten sich die Pferde, die nach dem Kiger Mountain benannt wurden, wo sie ihr Schutzgebiet zugewiesen bekamen. Dieses Gebiet ist etwa 15,000 ha groß und eingezäunt, damit keine Verkreuzung mit anderen Mustangs stattfinden kann. Eine zweite Herde wurde in einem 11.700 ha großen Gebiet auf dem nicht weit entfernten Riddle Mountain angesiedelt, damit eine etwaige Naturkatastrophe nicht gleich die gesamte Population dahinraffen kann. Das Gebiet, in dem die Kiger Mustangs leben, zeichnet sich durch den typischen, trockenen, halbwüstenartigen Landschaftscharakter des amerikanischen Südwestens aus und wird geprägt von offenen Sage Brush-Flächen, lockeren Pinien- und Kiefernbeständen und Geröllfeldern. Es ist eine recht abgelegene Gegend, in der u.a. auch Maultierhirsche, Antilopen, Adler, Königsfischer, wilde Schwäne und Sandhill-Kraniche beobachtet werden können.

Viele Kiger Mustangs haben einen alten Hengst namens Mesteño zum Vater, oder sie gehen auf ihn zurück. Mesteño lebte 1996 noch, obwohl er selbst keinen eigenen Harem mehr verteidigen konnte. Er mußte da etwa 27 Jahre alt gewesen sein.

Anläßlich des ersten Roundups der nun etablierten Kiger-Herde konnten 20 überschüssige Pferde zur Adoption freigegeben werden, und es gab bereits 60 Interessierte. Bei der zweiten Adoption, die 1993 stattfand, waren es schon 129, aber es gab über 400 Leute, die einen Antrag gestellt hatten. 1996 konnten 105 Kigers adoptiert werden, aber es gab weit über 1.300 Antragsteller!

Da die Kiger Mustangs selten von Menschen belästigt werden, sind sie nicht übermäßig scheu. Wer Pferde kennt und Geduld hat, hat eine gute Chance, sie zu Gesicht zu bekommen, besser als bei vielen anderen Mustang-Populationen.

Aufgrund der widersprüchlichen Informationen bezüglich des Spanish Type und auf der anderen Seite der Zielsetzung,

Sulphur Springs-Stute, vom Fotografen überrascht. Im nächsten Sekundenbruchteil ist sie abgesprungen

schöne Pferde zu produzieren, die sich gut adoptieren lassen, wurden auch die Kiger Mustang nicht auf den Sorraia-Typ hin gemanagt. Trotzdem zeigen manche eine erstaunliche Übereinstimmung. Verallgemeinert läßt sich sagen, daß der Kiger Mustang ein Pferd ist, das eine Kombination von Form I und Form III darstellt, was mit der Historie des Spanish Mustangs übereinstimmt. Manche Exemplare sind allerdings zu grob, um frei von Form-II-Einflüssen zu sein.

Es dürfte jedenfalls nicht schwer sein, aus der Kiger-Herde eine Anzahl exzellenter Kandidaten für das Sorraia Mustang-Projekt auszuwählen. Praktisch alle Kigers können vom Typ her als gute Spanish Mustangs klassifiziert werden, und manche sind eben etwas Besonderes, da sie von Sorraias nicht zu unterscheiden sind.

Dr. SCHÄFER, ein Sorraia-Züchter und Experte aus Deutschland, hat einen Unterkiefer, der im Kiger-Schutzgebiet gefunden wurde, untersucht und in Übereinstimmung mit seinen Sorraia-Unterkiefern gefunden.

Das Kiger Mustang-Projekt zeigt auch, daß ein erfolgreicher Kompromiß möglich ist zwischen dem Management wilder Pferde und den Interessen der Viehzüchter, denn im Kiger-Schutzgebiet haben Rancher ihre Rinder laufen. Es ist bekannt, daß Pferde und Rinder sich gegenseitig ergänzen. Bill PHILLIPS sagte dazu:

„Die Bereiche, die Pferde und Rinder nutzen, überlappen sich nicht unbedingt. Pferde bevorzugen Bergrücken, und die Kühe bleiben lieber auf den ebeneren, tiefgelegenen Flächen. Ich habe Pferde gesehen, die auf Bergrücken blieben und zum Saufen vier Meilen hinunter zum Fluß liefen, wo die Kühe sich die ganze Zeit aufhielten. Dann liefen die Pferde direkt wieder zurück auf den Berg, und da konnte man sie immer finden."

Im Gebiet der Kiger-Herde finden die Pferde gewöhnlich ein gutes Futterangebot, und sie sind darum meistens in gutem Futterzustand; manchmal sind sie sogar geradezu fett.

Sulphur Springs Mustangs

Im südwestlichen Utah, nicht weit von der Grenze nach Nevada, sind die Gebirgszüge der Mountain Home Range und der Needles Mountain Range der Lebensraum für mehrere Herden wilder Pferde. Eine davon ist die Sulphur Springs-Herde, so genannt nach einigen Quellen im Mountain Home-Gebirge. Im Gegensatz zur Kiger-Herde sind diese Pferde nicht eingezäunt. Sie laufen in einem nahezu 58.000 Hektar großen, unbewohnten, nicht eingezäunten Gebiet, das hochgelegene Flächen, steile Hänge, scharfe Kämme und breite Bergrücken aufweist, die bis auf über 3.000 m Höhe ansteigen. Sulphur Springs Mustangs sind scheuer als z.B. die Kiger Mustangs und fliehen beim geringsten Anlaß.

Oben: Wildpferde halten sich, wie anderes Wild auch, beim Herumstreifen an feste „Wechsel", das sind Pfade, die sie immer wieder benutzen und auf denen sie möglichst auch bei einer Flucht gern laufen. Dies ist ein solcher Wechsel im Gebiet der Sulphur Springs-Herde

Oben: Hier sieht man gut, wie der Boden in der Mountain Home Range überwiegend beschaffen ist. Das ist äußerst rauhes Vulkangestein, auf dem die Mustangs tagtäglich barfuß laufen müssem!
Unten: Cortez, ein schmucker Sulphur Springs-Hengst im Sorraia-Typ

Ausdrucksstarker Kopf eines Sulphur Springs-Hengstes

Angesichts der Tatsache, daß die Sulphur-Pferde lange Zeit nicht auf einen bestimmten Typ hin gemanagt wurden, ist es bemerkenswert, wie sich der Sorraia-Typ unter diesen Pferden gehalten hat.

Das Gebiet ist so unwegsam und mit Gebüsch und Wald bestanden, daß Roundups, die zur Kontrolle des Bestandes notwendig sind, oft selbst mit Hilfe von Hubschraubern nicht erfolgreich verlaufen. Der Management-Plan geht von 135 bis 180 zweijährigen und älteren Pferden aus, aber das BLM schafft es kaum, die Population in diesen Grenzen zu halten, und so leben manchmal bis zu 500 Mustangs in diesem Gebiet.

Auch die Sulphur Mustangs zeigen im Äußeren vieler Exemplare eine Beimischung von Form-III- und Form-I-Merkmalen, aber man kann durchaus sehr gute Vertreter des Sorraia-Typs finden.

Wie es zu erwarten ist bei einem so großen Gebiet und so geringer Kontrolle bezüglich des Typs, kann man hier auch Pferde anderen Typs finden. Viele Pferde scheinen Form-IV-Blut zu führen, und manche zeigen gewisse Form-II-Merkmale.

Die Sulphur-Mustangs sind im Durchschnitt etwas kleiner als beispielsweise die Kigers. Die Bedingungen in den Bergen

Foto Roubidoux

Obige Bilder zeigen eindeutig im Sorraia-Typ stehende Sulphur Springs-Stuten

Sulphur Springs-Fohlen mit zebraartig gemustertem Fell

Pryor Mountain Mustang-Hengst mit deutlichen Sorraia-Merkmalen

Sulphur Springs-Hengst, der zu einem zuverlässigen Arbeitspferd ausgebildet wurde

... und ein wenige Monate altes Fohlen von obigem Hengst, das starke Beinstreifung und Schulterkreuz aufweist und wohl auch im Kopf-profil entsprechend zu werden verspricht. Außerdem ist auch die Streifung am Hals zu erkennen.
Leider scheint es von seiner Mutter, einer Dun-Stute, die kurze, krumme Kruppe zu bekommen, welche bei den Pryor Mountain Mustangs häufig zu finden ist

sind hart, und das Futter ist begrenzt. So sind die Pferde oft bis zu einem gewissen Grad unterentwickelt. Obwohl auch das Gebiet der Kiger Mustangs teilweise sehr unwegsam und der Boden mit Felsbrocken und Geröll übersät ist, trifft dies noch mehr auf die Mountain Home Range zu.

In der Sulphur Springs-Population sind einige der typreinsten Sorraia Mustangs zu finden. Manche zeigen die Zebrierung ungewöhnlich stark und haben auch auf dem Rücken Streifen, die neben dem Aalstrich beginnen und dann zur Seite hin undeutlich auslaufen. Aus einiger Entfernung können solche Pferde aussehen, als hätten sie drei Aalstriche. Diese seitlichen Streifen auf dem Rücken werden Sawtooth Markings (Sägezahnmuster) oder Fishbone Markings (Grätenmuster) genannt.

Viele Sulphur Mustangs haben außerdem eine Streifung, die von der Halsunterseite auszugehen scheint. Diese wird nicht durch dunklere Haare hervorgerufen, sondern durch unterschiedlichen Haarstrich. Wie gut man diese Streifen erkennen kann, hängt zum großen Teil vom Lichteinfall ab. Diese Streifung an Hals und Brust wird nicht nur bei den Sulphur-Pferden gefunden, sondern ist bei Mustangs dieses Typs, egal woher sie stammen, zumindest bis zu einem gewissen Grad immer zu finden und natürlich auch bei den Sorraias in Portugal.

Die Abgeschiedenheit und die Größe des Mountain Home-Gebietes macht es fast unmöglich, diese Pferde vor der Belästigung durch grausame Menschen zu schützen. Immer wieder werden Pferde angeschossen oder erschossen oder gehetzt, und, wenn man sie fangen konnte, wird ihnen ein Ohr

Pryor Mountain Mustangs in ihrem Wild Horse Range an der Wyoming/Montana-Staatsgrenze

abgeschnitten - Zeitvertreib abartiger Zeitgenossen. Auch werden Pferde heimlich illegal gefangen und abtransportiert. Gesetzlich stehen die Pferde unter Schutz, aber die Geldmittel des BLM reichen nicht aus, diesen Schutz zu garantieren.

Obwohl es ein schwieriger Job sein würde, sie zu fangen, sollte ein Projekt wie das angeregte Sorraia Mustang-Reservat eine größere Anzahl von Pferden aus der Sulphur Springs-Population erhalten.

Pryor Mountain Mustangs

Die Pryor Mountain Wild Horse Range wurde 1968 als erste nationale Wild Horse Range eingerichtet und ist heute fast 19.000 ha groß. Es handelt sich um überwiegend sehr wildes Gelände, das angrenzt an die Big Horn National Recreation Area an der Montana/Wyoming-Staatsgrenze. Schütterer Gebirgswald, Almen, Geröllhänge mit kräftig und verschieden gefärbtem Gestein, Felsbrocken und -formationen lassen das Gebiet, das zwischen 1.200 und über 2.400 m hoch liegt und Heimat ist von meistens mehr als 100 Mustangs, besonders „western" aussehen. Adler und andere seltene Vögel haben hier ebenfalls eine Zuflucht gefunden. Das Gebiet der Pferde wird im Osten begrenzt durch den spektakulären Big Horn Canyon.

Den Pferden der Pryor Mountain Wild Horse Range wurde ein besonderer Status zuerkannt, und sie haben überdurchschnittliche Aufmerksamkeit genossen. Anscheinend gelten sie als eine besondere Population und als besonders spanisch im Typ. Dafür sind vor allem Erklärungen von Dr. SPONENBERG und Dr. COTHRAN verantwortlich.

SPONENBERG wurde in verschiedener Weise von Mustang-Leuten und dem BLM konsultiert und hat durch Veröffentlichungen über die Herkunft der Mustangs informiert. Er war möglicherweise der erste, der in Amerika klarstellte, daß der vielzitierte „Spanish Barb" nur eine amerikanische Erfindung ist. Indem er allerdings den Pryor Mountain Mustangs bescheinigte, in besonderer Weise den spanischen Typ zu repräsentieren, hat er einige Verwirrung und Frustration verursacht.

„Die Pryor Mountain Wildpferdherde ist derzeit die spanischste aller Herden wildlebender Pferde in den USA", behauptet er schlicht in einem Zitat, das von ihm veröffentlicht wurde.

COTHRAN studierte genetische Marker aufgrund von Bluttests, die er von Pferden verschiedener Rassen spanischen Ursprungs und von Mustangs nahm. Auch seine Statements werden benutzt, um die Pryor Mustangs zu promoten; er erklärte u.a.: „Die Pryor-Pferde stammen hauptsächlich von Pferden spanischer Abstammung ab."

Es ist nur schwer zu begreifen, wie eine Population, die so unterschiedliche Typen hervorbringt, mit so vielen nicht-spanischen Merkmalen wie die Pryor Mustangs, von Leuten, die als Experten betrachtet werden, generell als von spanischem

Pryor Mountain-Stute mit Fohlen

Wie stark unterschiedlich die Pryor Mountain Mustangs sind, zeigt sich an diesem Pferd, das in den Holding Pens nahe des Südeingangs des Parks aufgenommen wurde

Typ und spanischer Abstammung hingestellt werden kann, ja sogar höhergestellt werden kann als andere Mustang-Populationen. Es ist kein Wunder, daß dies auf Ärger und Widerstand bei anderen Pferdeleuten und Mustang-Kennern stößt. Vor allem muß es jene verwirren, die sich über Mustangs informieren und besonders über Spanish Mustangs etwas lernen wollen.

Das BLM in Montana ist da etwas vorsichtiger. Es sagt in seinem Info-Blatt über Pryor Mustangs: „Die Frage, ob die Pryor Mountain-Herde wirklich 'wild' und von spanischer Herkunft ist, ist...kontrovers."

Was die Pryor Mountain Mustangs vorzuweisen haben, ist die Wahrscheinlichkeit, daß sie auf Indianerpferde zurückgehen, da das Gebiet nahe einer alten Wanderroute der Crow- und Shoshoni-Indianer liegt, daß sie relativ isoliert waren aufgrund des unwegsamen Geländes sowie die Tatsache, daß COTHRAN den einen oder anderen seltenen genetischen Marker bei ihnen gefunden hat. Ob diese genetischen Marker irgendetwas beweisen, ist durchaus ungewiß. Sie werden z.T. auch in Rassen gefunden, die völlig unterschiedlich sind, wie Quarter Horse, Saddlebred oder Paso Fino. Er mag zu Recht die Erhaltung der Pryor-Pferde als seltenes genetisches Vorkommen fordern, aber er hat keineswegs irgendwie bewiesen, daß die Pryor Mustangs von der Abstammung her reiner spanisch sind als andere Pferde.

Vor einigen Jahren wurden in dem Gebiet auch einige wenige Kiger Mustangs ausgesetzt, die später fast alle wieder herausgefangen wurden. Wieweit sie sich vererbt und einen Einfluß gehabt haben, ist unklar.

Daß die meisten Pryor Mustangs recht zahm sind, hat dagegen weiter keine Bedeutung. Die Big Horn-Schafe, die im Park leben, sind sogar noch zahmer, und niemand zweifelt ihre Echtheit an. Aber das offenkundige Vorhandensein von Kaltbluteinfluß sollte, ebenso wie ihr typmäßiges Auseinanderklaffen, zu denken geben.

Das soll nicht heißen, daß es nicht auch unter den Pryor Mustangs solche im spanischen Typ gibt. Viele zeigen spanische Merkmale, und manche sind sogar eindeutig im Sorraia-Typ. Eine Gruppe engagierter Freunde, Halter und Züchter von Pryor Mountain Mustangs existiert seit langem. Ihr Kopf ist der deutschstämmige Floyd Schwieger aus Lovell, dem Städtchen in Wyoming, das direkt südlich der Wild Horse Range liegt.

Manche Pryor Mustangs können recht leicht beobachtet werden, weil man meistens einige von der Straße aus sehen kann, die durch den Park verläuft, und die Pferde wenig Scheu zeigen.

Andere Mustang-Populationen mögen ebenfalls Exemplare des gewünschten Sorraia-Typs aufweisen. Obwohl Nevada die meisten Mustangs hat, entspricht die bei weitem überwiegende Mehrheit von Nevadas Mustangs in Gebäude und Farbe keinem besonderen Typ, sondern besteht aus undefinierbaren, unedlen, hauspferdeartigen Tieren, die mal in die eine, mal in die andere Richtung tendieren, aber meistens auch deutlichen Kaltbluteinfluß zeigen. Dasselbe kann von Mustang-Beständen in anderen Staaten gesagt werden.

Auch in den Beständen von privaten Mustang-Züchtern können Tiere des gesuchten Typs gefunden werden; es bleibt zu hoffen, daß sie für das Sorraia Mustang-Projekt gewonnen werden können.

Historie der verschiedenen Herden

Da historische Anhaltspunkte immer wieder von Mustang-Freunden ins Spiel gebracht werden, soll auch darauf kurz eingegangen sein. Nicht selten findet man beispielweise die Ansicht, daß die Kiger-Herde nicht authentisch sei, da es keine konkreten historischen Anhaltspunkte dafür gäbe.

Viele Mustang-Leute und -Züchter messen historischen Überlieferungen zuviel Gewicht bei. Zum Beispiel ist das Spanish Mustang Registry bekannt dafür, daß es Pferde nicht einträgt, wenn sie nicht mit einer Geschichte aufwarten können, die für die Verantwortlichen des Spanish Mustang Registry glaubhaft ist und die eine spanische Abstammung vermuten oder möglich erscheinen läßt. Sie tragen sie selbst dann nicht ein, wenn diese Pferde vom Typ her ideal sind. Auf der anderen Seite haben sie aber Pferde eingetragen, die ganz offensichtliche Fremdmerkmale hatten, nur weil die Historie der Pferde ihnen akzeptabel erschien. Der Phänotyp eines Pferdes, wenn er dem echten spanischen Typ entspricht, sollte wichtiger sein - besonders, wenn ein solches Pferd auch noch beweist, daß es diesen Typ vererbt -, als eine Geschichte, die allemal weitgehend Wunschdenken ist, da keine der Herden kontinuierlich seit 200 oder 300 Jahren observiert wurde.

Daß es auch in anderen Gebieten Sorraia Mustangs gibt, zeigen die beiden oben abgebildeten Fotos eines Mustangs, der in Nevada gefangen wurde und vom Kopf her und auch in Gebäude und Färbung klar im Sorraia-Typ steht

Was zählt, ist die genetische Zusammensetzung eines Mustangs, und die dokumentiert sich zunächst einmal nach außen hin durch seine anatomischen Merkmale, seine Farbe und sein Verhalten, darüber hinaus dann dadurch, wie er sich vererbt.

Nachstehende Hinweise seien nicht als Beweis für die Echtheit der Kiger-Pferde als Spanish Mustangs angeführt, sondern nur, um aufzuzeigen, daß historisch gesehen eine ausreichende Grundlage vorhanden ist, um die Existenz wildlebender Pferde spanischen Typs in Südoregon zu erklären.

Spanische Pferde und spanische Horsemanship waren von Kalifornien aus an der ganzen Pazifikküste verbreitet, und bis heute zeigen Oregons Reiter und Pferde den Einfluß der kalifornischen oder Westküsten-Tradition. Außerdem reichten die Aktivitäten der Shoshoni-Indianer, die zu den wichtigsten mit Pferden handelnden Stämmen gehörten, weit ins hochgelegene Halbwüstenland Oregons hinein, und nach Norden und Nordosten hin gab es die Cayuse und Nez Percé, Stämme, die

Oben: Gruppe von Mustangs im Pryor Mountain-Schutzgebiet
Unten: Junge Kiger Mustang-Stute

Ganz oben: Gruppe von ausgewählten Pryor Mountain Mustangs in privater Wildbahn
Darunter links: Starke Beinzebrierung bei einem jungen Sulphur Springs Mustang
Unten rechts: Mustang oder Sorraia? Graufalber Sorraia-Hengst mit klassischem spanischem Kopf (Quinta da Boavista)

Links: In Oregon gibt es Mustangs aller Schattierungen. Szene aus den Holding Pens in Burns

ebenfalls für ihre Pferde bekannt waren. Die Paiute waren ein weiterer für Pferdediebstahl und -handel bekannter Stamm, der zur Verbreitung spanischer Pferde im Westen beitrug. Peter Skene OGDEN berichtete von der Existenz der Paiute-Indianer und ihrer Pferde im Jahr 1826 in der Region, in der die Kiger Mustangs gefunden wurden, aber es ist bekannt, daß es selbst vor der Expedition von Lewis und Clark (1803-1805) schon spanische Pferde in Oregon gegeben hat. Es gibt archäologische Anhaltspunkte für eine spanische Minenexpedition nach Oregon hinein, die schon um 1600 stattfand. 1837 trieb Philip Edwards mit Hilfe von kalifornischen Vaqueros*) Rinder aus Kalifornien nach Oregon. 1869 trieben Juan Redón und sechs Vaqueros dreitausend Rinder für John Devine nach Oregon, der im Harney County (wo auch die Mustangs gefangen wurden, welche Grundlage der Kiger-Population wurden) die erste Ranch gründete. Peter French kam 1872 nach Südostoregon, der Region, in der die Kiger Mustangs zuerst gefunden wurden. Seine Cowboys waren mexikanische Vaqueros und ritten mit Sicherheit auf Pferden spanischen Typs. Dick Anderson war ein anderer Rancher in Oregon, der mexikanische Vaqueros beschäftigte. Später brachten andere, vor allem José Rialas, spanische Pferde aus Kalifornien in die Region. Nach Richard W. SLATTA („Cowboys of the Americas") waren bis zur Hälfte der Cowboys auf den großen Oregon Ranches Vaqueros.

Ron ROUBIDOUX aus Mantua, Utah, ist ein passionierter Kämpfer für die Sulphur Springs Mustangs und hat viel historisches Material zusammengetragen, um den Sulphur Springs Mustangs einen besonderen Status zu geben. Es gibt Hinweise dafür, daß spanische Goldsucher - die spanische Pferde mitgebracht haben könnten - sehr früh nach Utah hinein vorgedrungen waren. Ansonsten stützt er sich hauptsächlich auf die Tatsache, daß der Old Spanish Trail, eine alte Handelsroute, die Santa Fe und Los Angeles miteinander verband, etwa 80 bis 90 km südöstlich des Gebietes verlief, in dem heute die Sulphur Springs Mustangs gefunden werden, und daß der Ute-Häuptling Walkara, ein höchst erfolgreicher Pferdedieb, dort sein Unwesen trieb. Wie fragwürdig der Wert des relativ nahegelegenen Spanish Trail heute ist, sieht man aber daran, daß zwischen dem Old Spanish Trail und dem Gebiet der Sulphur Springs Mustangs sieben andere Mustang-Gebiete liegen, deren Pferde diesen Mustang-Typ nicht verkörpern!

Ob es um die Kiger Mustangs, die Sulphur Springs Mustangs oder andere geht - so interessant alle diese historischen Daten auch sind, letztlich kommt es nicht darauf an, ob diese Pferde Überbleibsel aus jenen Tagen sind, in denen der ganze Westen mit spanischen Mustangs bevölkert war, oder ob sie direkt von Kalifornien oder Mexiko in eine bestimmte Region gebracht wurden. Da bis zu einem bestimmten Zeitpunkt fast der ganze amerikanische Kontinent von spanischen Mustangs bevölkert war, ist das allein bereits Erklärung genug für das Vorhandensein solcher Pferde in jedem beliebigen Teil des amerikanischen Westens.

Die Zusammentriebe der Mustangs bedeuten für die Tiere natürlich immer einen gewissen Stress, der nicht selten bei den tragenden Stuten zu Fehlgeburten führt

Weil die Möglichkeit, sogar Wahrscheinlichkeit besteht, daß mit Kolumbus' Schiffen gezähmte südiberische Wildpferde in die Neue Welt verfrachtet wurden, wären Mustangs, die von verwilderten Nachkommen jener Pferde abstammen, zoologisch sowieso interessanter als solche, die von Hauspferden abstammen, welche zwei- oder dreihundert Jahre später durch Kalifornier nach Oregon, Utah oder sonstige Regionen gebracht wurden. Genaues kann aber heute ohnehin niemand mehr belegen. Was bleibt, ist nur die Tatsache, daß wir unter den wildlebenden Pferden solche finden, die das südiberische Wildpferd völlig verkörpern.

*) Vaquero: Spanischer (kalifornischer, mexikanischer oder texanischer) Rinderhirte, Vorfahre des nordamerikanischen Cowboys

Sorraia Mustang Studbook

Neben dem Sorraia Mustang Reservat oder Preserve, das vom BLM gemanagt werden sollte, ist das Sorraia Mustang Studbook (Stutbuch für Sorraia Mustangs) eine weitere Schiene zur Erhaltung dieser Art Pferd. Es bietet privaten Züchtern die Möglichkeit, ihre Mustangs eintragen zu lassen, wenn sie dem Typus entsprechen. Es wurden ja viele Mustangs im Sorraia-Typ gefangen und von privaten Haltern adoptiert, und um über ihren Verbleib unterrichtet zu bleiben und sie möglichst einem Zuchtprogramm zuführen zu können, das der Erhaltung dieser Wildpferdform gewidmet ist, wird die Registration im Sorraia Mustang Studbook angeboten. Eine Reihe von Sorraia Mustangs, meistens solche, die in private Hände gegangen sind, konnten bereits registriert werden.

Das Sorraia Mustang Studbook (SMS) wurde eingerichtet, um im Interesse der Erhaltung genetischen Potentials Daten von Sorraia Mustangs zu sammeln und zu archivieren. Als Basis für die Registrierung im SMS dient nur das Exterieur eines Mustangs, das Herkunftsgebiet ist nicht ausschlaggebend.

GIBT ES WISSENSCHAFTLICHE BEWEISE FÜR DIE AUTHENTIZITÄT DER SORRAIA MUSTANGS?

Die Übereinstimmung der Sorraia Mustangs mit den Sorraias in Europa geht über rein äußerliche Merkmale hinaus, dafür gibt es deutliche Hinweise, wenngleich eine breit angelegte wissenschaftliche Studie darüber noch nicht erstellt wurde. Aufschlüsse könnten einmal röntgenologische Untersuchungen geben, zum anderen Vergleiche des Gen-Materials und schließlich auch Verhaltensstudien.

Wie in einem vorangegangenen Kapitel erwähnt, wurden über Bluttests bei manchen Mustangs gewisse seltene genetische Marker festgestellt, aufgrund derer diesen Pferden eine besonders ursprüngliche spanische Abstammung zugesprochen wurde. Es ist aber keineswegs sicher, daß diese seltenen Marker tatsächlich iberisches Erbgut darstellen, und darum ist es auch nicht verwunderlich, daß diese seltenen Marker z.T. bei Pferden gefunden wurden, deren Phänotyp stark von dem des Sorraia-Pferdes abweicht. Außerdem wird die Methode der Blutgruppentypisierung von vielen Genetikern als untauglich erachtet, wenn es darum geht, Verwandtschaftsverhältnisse zwischen Rassen bzw. Populationen zu bestimmen.

Skelettmäßige Übereinstimmungen

Die in einem der vorangegangenen Kapitel beschriebenen Urwildpferdformen I bis IV unterscheiden sich durch verschiedene Skelettmerkmale, die u.a. von dem deutschen Forscher Hermann EBHARDT studiert und beschrieben wurden.

Die deutlichsten Unterschiede sind im Gebiß, d.h. in der Kieferform und der Stellung der Zähne, und bei den Röhrenknochen und den Fesselgelenken zu finden.

Um beim Kopf anzufangen: Die nördlichen Formen I und II haben laut EBHARDT Backenzähne, die in radspeichenförmiger, gleichmäßig gegeneinander gespreizter Anordnung im Unterkiefer sitzen. Für das Form-III-Pferd, also für den Sorraia, ist dagegen typisch, daß die hinteren drei Molaren mehr schräg nach hinten gerichtet im Unterkiefer sitzen. Die Backenzahnwurzeln sitzen auch nicht so tief im Unterkiefer wie bei den Nordpferden; sie erreichen den Unterkieferrand nicht. Außerdem haben die Backenzähne der Form III eine weniger geradlinige Seitenbegrenzung und eine einfachere, urtümlichere Schmelzfältelung.

Der Unterkiefer der Form III ist der relativ längste aller Pferde, und der Gesichtsschädel ist der längste im Vergleich zu den Gesichtsschädeln der anderen Formen. Die Stirn dagegen ist die relativ schmalste.

Ein weiteres Merkmal ist, daß die unteren Schneidezähne nicht zangenförmig nach oben gerichtet auf die oberen treffen, sondern mehr schräg nach vorn laufen. Die Schneidezähne stehen auch ziemlich parallel, während sie sich bei den Formen I und II nach oben auseinanderspreizen.

Was schwerer zu erkennen ist, ist die lockerere Beschaffenheit von z.B. Kiefer- und auch Röhrenknochen, deren Faserkonstruktion längst nicht die Dichte wie bei den Nordformen erreicht.

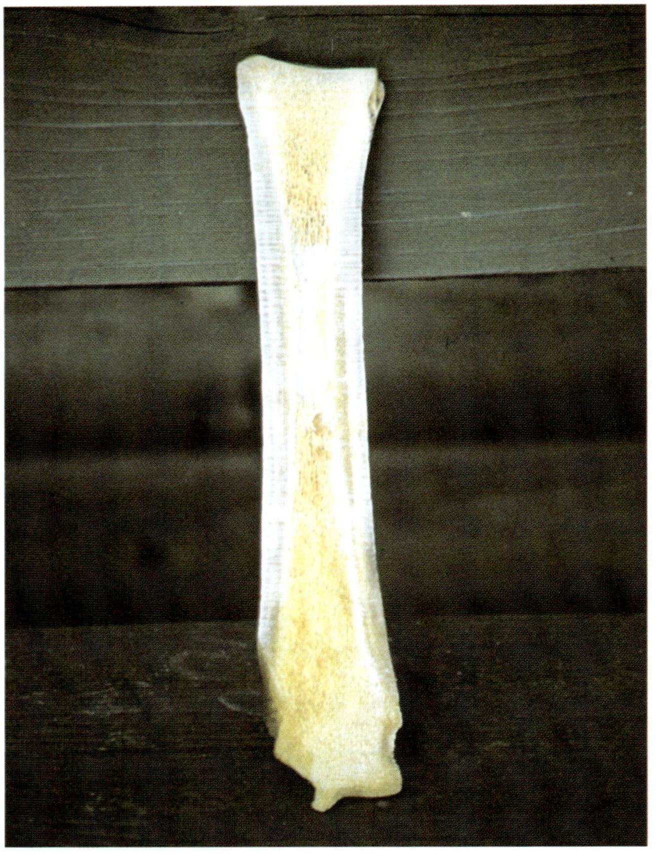

Der Schnitt durch den Röhrenknochen dieses Sulphur Springs Mustangs zeigt, daß er die für Südpferde typische Einschnürung der Markhöhle aufweist

Die vielleicht auffälligsten Merkmale zeigen sich an den Röhrenknochen: Im Gegensatz zu den Nordformen I und II, die breite, flachere Röhren haben, hat die Form III solche, die im Querschnitt rund sind. In der Röntgenaufnahme zeigt sich außerdem, daß die Knochenmarkhöhle der Form III nicht so breit wie bei den Nordformen ist, sondern etwa in der Mitte deutlich eingeschnürt.

Ein weiteres, auffallendes Merkmal ist, daß die Nordformen sich durch Fesselgelenke auszeichnen, die breit sind, so daß der Röhrenknochen unten auch breit endet. Er weist aber eine flache Gelenkrolle auf. Bei der Form III dagegen ist das Fesselgelenk schmaler, und die Gelenkrolle am unteren Röhrenknochenende ist wesentlich höher. Dies hängt mit der unterschiedlichen Bewegungsmechanik der Pferde zusammen, wie EBHARDT ja auch die Formen I bis IV als unterschiedliche „Funktionstypen" bezeichnet. Die Formen I und II, mit ihren kürzeren Gängen und kurzen Fesseln, sind mehr für seitliche Stabilität gerüstet, die Form III als Lauftier hat weiter ausgreifende und erhabenere Gänge, darum längere Fesseln zur Abfederung, und Fessel und Huf können aufgrund der höheren Gelenkrolle weiter um das Fesselgelenk rotieren.

Diese (Form-III-) Merkmale können wir bei den Sorraias wie auch bei den Mustangs im Sorraia-Typ finden!

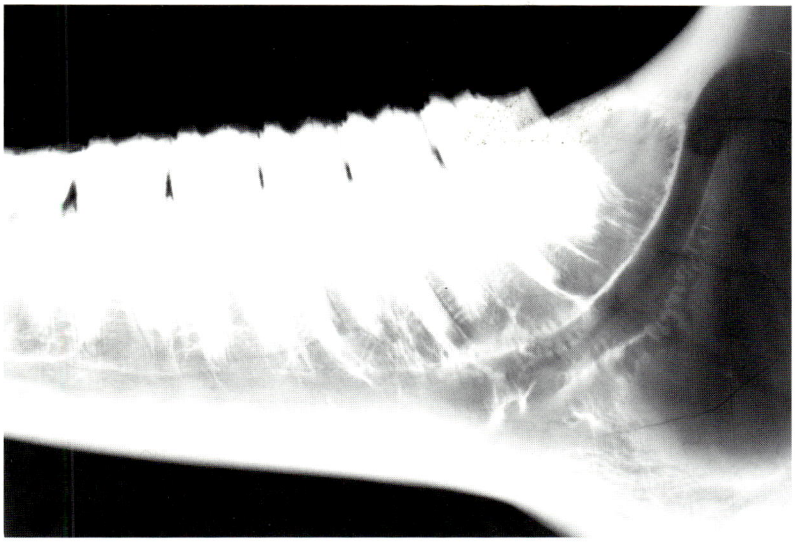

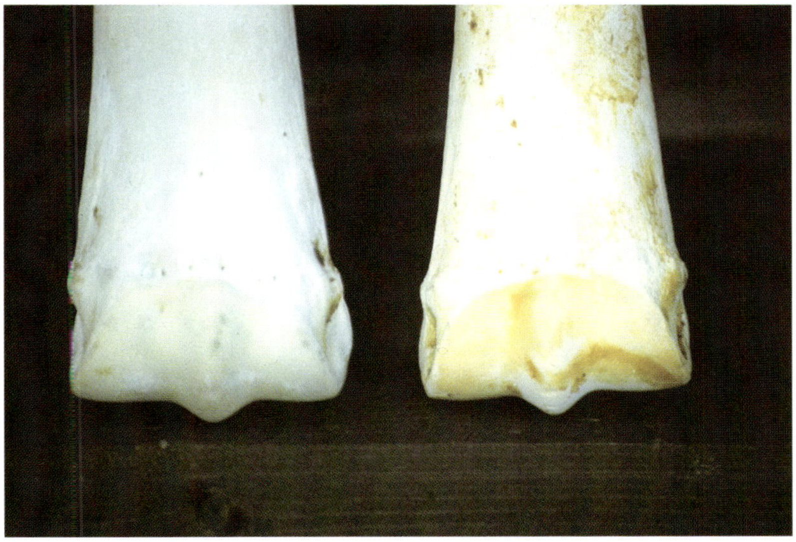

Die Röntgenaufnahme des Unterkiefers eines Sulphur Springs Mustangs zeigt die für Südpferde typische Anordnung der Backenzähne

Unten:Auch die Ausformung der Gelenkrollen dieser Mustangs sind in Übereinstimmung mit dem Form-III-Pferd

zahlreiche Tiere untersuchen muß. Andernfalls kann man keine statistisch relevanten Zahlen ermitteln. In kleinen Tiergruppen kann diese Methode nur schlecht funktionieren, weil die für die Identitätsuntersuchung verwendeten Marker (Gen-Orte) nach Möglichkeit viele unterschiedliche Allele haben sollen. Hat man z.B. bei Population X für Gen-Ort A bei Allel n eine Häufigkeit von 10 % festgestellt, bei Rasse Y eine Häufigkeit von 20 %, so wird die Untersuchung von 30 Tieren statistisch keinen Sinn machen können.

Das Auffinden rassetypischer Allele ist sehr selten. Will man ein einzelnes Tier mit Hilfe dieser Methoden zuordnen, hat man praktisch keine Chancen. Das gilt sowohl für die Blutgruppen als auch für die DNA-Mikrosatelliten.

Allelische Assoziationen dürften *per definitionem* nicht auftreten, weil die Marker-Gen-Orte nicht miteinander gekoppelt sind.

Eine Alternative stellen die direkten Sequenzuntersuchungen dar. Hier handelt es sich derzeit im wesentlichen um die Sequenzierung von mitochondrialer DNA. Man hat in einem Bereich von rund 900 Basen zwischen einzelnen Individuen und zwischen unterschiedlichen Populationen vieler Spezies eine hohe Variabilität festgestellt. Das bedeutet: Man beobachtet an vielen Stellen dieses Sequenzbereichs, daß entweder eine Base fehlt, eine Base zuviel ist oder daß eine gegen eine andere ausgetauscht ist. Diese Änderungen werden über die mütterliche Linie vererbt. Wegen der geringen Abstände zwischen den variablen Orten kann man diese als eng miteinander gekoppelt betrachten. Diese enge Koppelung führt dazu, daß z.B. zwei oder mehr Basenaustausche gemeinsam mit der mitochondrialen DNA eines Individuums über viele Generationen vererbt werden. Man nennt solche Kombinationen von Allelen verschiedener Gen-Orte Haplotypen. Weil es sich in diesem Fall um eine extrem kurze DNA-Strecke handelt, spricht man auch von einem Mikrohaplotyp. Mikrohaplotypen können eine Population definieren oder Verwandtschaften zwischen Populationen identifizieren. Solche Untersuchungen sind mit Erfolg u.a. schon beim Menschen und bei Rindern durchgeführt worden (Proc. Natl. Sci. U.S.A. 91, 2757-2761, 1994,

Genetische Übereinstimmungen

Da die bislang vorgenommenen und über die Blutgruppentypisierung erzielten Ergebnisse nicht unbedingt als aussagekräftig angesehen werden konnten und außerdem dabei der direkte Vergleich mit den Sorraia-Pferden außer acht gelassen worden war, sind für dieses Buch Analysen der mitochondrialen DNA von Sorraias und Mustangs verschiedener Populationen erstellt worden. Warum diese Methode gewählt wurde, dazu sei Prof. Dr. Klaus Olek, Institut für Molekularbiologische Diagnostik, Bonn, zitiert:

„Es stellt sich die Frage, wie tauglich Systeme wie Blutgruppentypisierung, cytologische Marker oder DNA-Mikrosatelliten für die Untersuchung der Genealogie einer Tierpopulation sind. Im wesentlichen hat man bei solch einer Untersuchung zwei Meßparameter zur Verfügung, zum einen die Häufigkeit der einzelnen Allele*) in einer gegebenen Population und zum anderen die Art der Allele. Letzteres bedeutet, daß man zur Definition einer Rasse oder Population

*) Allel = Spielform eines Gens, die Ausgestaltung einer bestimmten Eigenschaft bestimmend

Evidence for two independent domestications of cattle, LOFTUS RT et al).

Obwohl das Prinzip der Mitochondriensequenzierung nicht bei allen Spezies funktioniert, ist es erwiesenermaßen bei Pferden oder auch Rindern eine zuverlässige Methode, die schon mit kleinen Kopfzahlen funktionieren kann, wohingegen bei dem Weg über die Blutgruppentypisierung ungleich größere Kopfzahlen für aussagekräftige Ergebnisse erforderlich sind - bei nur geringen Unterschieden in den Allelfrequenzen können dies einige Hundert sein.

Der Einsatz dieses Instruments der Mikrohaplotypen wird mit hoher Wahrscheinlichkeit in Zukunft eine große Bedeutung für die hier diskutierten genealogischen Probleme erlangen.

Um konkret auf die bislang vorliegenden vergleichenden Untersuchungen von Mustangs und iberisch beeinflußten Pferderassen über die Blutgruppentypisierung zu kommen, so scheint dafür nicht nur die zahlenmäßige Basis zu gering gewesen zu sein, sondern besonders das Fehlen von statistischen Angaben läßt deren Wert zweifelhaft erscheinen.

Die Sequenzierungen der mitochondrialen DNA von 12 Sorraia-Pferden und 37 Mustangs aus verschiedenen Populationen, außerdem Exmoor Ponies, Koniks, mehreren Warmblütern und einem Vollblüter, die in unserem Institut vorgenommen wurden, haben gezeigt, daß bei einer Anzahl der Mustangs eindeutig eine enge Verwandtschaft zu den Sorraia-Pferden besteht."

Es kann also bereits festgehalten werden, daß die Verwandtschaft bestimmter Mustangs mit den Sorraia-Pferden auf genetischer Ebene wissenschaftlich bewiesen ist, wenngleich auf dem Gebiet sicherlich noch vieles zu tun bleibt. Erwähnt werden soll auch, daß die engste Verwandtschaft bei Kiger Mustangs festgestellt werden konnte sowie bei einigen Mustangs des Spanish Mustang Registry, obwohl letztere im Phänotyp weniger dem Sorraia entsprachen.

Aber benötigen wir diese Analysen, Maße, Röntgenaufnahmen usw., um zu belegen, was für das Auge eines jeden wahren Horsemans offensichtlich ist, der mit Sorraia-Pferden vertraut ist? Jeder wahre Pferdekenner, der Sorraias kennt und um ihre heikle Situation weiß, erkennt, wenn er Sorraia Mustangs sieht, sofort deren Bedeutung und deren gleiche Identität, und er sieht die Notwendigkeit und fühlt den Drang, diese Pferde zu erhalten!

Ein herrliches Bild - eine Gruppe Kiger Mustangs in freier Wildbahn

Im Gebiet des Palomino Butte in Oregon leben hauptsächlich palomino-farbige Mustangs - an Zufall mag man da nicht glauben. Die Tiere zeigen überwiegend deutlichen Quarter Horse-Einschlag

Die für die Sorraias typische dachförmige Kruppe ist bei diesem jungen Tier besonders ausgeprägt

Nevadas Weiten - eine Mustang-Stute beeilt sich, um den Sicherheitsabstand, den sie für notwendig hält, wieder herzustellen

LITERATURVERZEICHNIS

BAKER, Sue, *Survival of the Fittest*, 1993, Exmoor Books, Dulverton

BOUMAN, I. and J., *Przewalski-Pferde kehrten in die Mongolei zurück*, Praxis der Naturwissenschaften, Biologie, 4/43, Juni 1994, Aulis Verlag, Köln

CORDEIRO, Arsénio Raposo, *Lusitano, Iberiens stolze Pferderasse*, 1991, Müller Rüschlikon, Cham, Switzerland

CRAMPTON, C. Gregory, & MADSEN, Steven K., *In Search of the Spanish Trail*, 1994, Gibbs-Smith, Layton, Utah

D'ANDRADE, Ruy, *Les Chevaux du Sorraia*, Extrait des Comptes Rendus, du XII. Congres International de Zoologie, Lisbonne, 1935

D'ANDRADE, Ruy, *Apontamentos para um estudo sobre a origem e domesticação do cavallo na peninsula hiberica*, Centro Tipografico Colonial, Lisboa

D'ANDRADE, Ruy, *O Cavalo do Sorraia*

DAS BESTE, *Buch der Vogelwelt, Mitteleuropa*, 1995, Das Beste, Stuttgart

DOBIE, J. Frank, *A Vaquero of the Brush Country*, 1929, Little, Brown and Company, Boston

DOBIE, J. Frank, *The Mustangs*, University of Texas Press, Austin

DO MAR OOM, M. M., *Inbreeding, reproductive success, and genetic variation in the Sorraia*, Animal Genetics, August 1990, 2.2.7

DO MAR OOM, M. M. /COTHRAN, Gus, *The genetic variation of an endangered breed: the Sorraia horse*, Animal Genetics, Vol. 25, Supplement 2, Dec. 94, B22

EBHARDT, Hermann, *Ponies und Pferde im Röntgenbild nebst einigen stammesgeschichtlichen Bemerkungen dazu*, Säugetierkundliche Mitteilungen, BLV, München, 10. Jhg.

EBHARDT, Hermann, *Grundbegriffe zur Erklärung von Typ-IV-Töltern in Indien*, Freizeit im Sattel, Bonn

FALZ-FEIN, W. von, *Askania Nova*, 1930, Neudamm

HACKL, Ernst, *Der Berg-Tarpan der Waldkarpaten, genannt Huzul*, Friedrich Beck, Wien & Leipzig, 1938

HAYNES, Glynn W., *The American Paint Horse*, 1976, University of Oklahoma Press, Norman, Oklahoma

HEMMER, Helmut, *Domestikation: Verarmung der Merkwelt*, 1983, Vieweg, Braunschweig; Wiesbaden

HERRE, Wolf, *Grundsätzliches zur Systematik des Pferdes*, Zeitschrift für Tierzüchtung und Züchtungsbiologie, Bd. 75, Heft 1, 1961, Paul Parey, Hamburg

INSTITUT FÜR GENETIK UND TIERZUCHT DER POLNISCHEN AKADEMIE DER WISSENSCHAFTEN, *Die Geschichte der Koniks*, 1995, Mroków, Polen

ISCHIDA, OYUNSUREN, MASHIMA, MUKOYAMA, SAITOU, *Mitochondrial DNA Sequences of various Species of the Genus Equus with Special References to the Phylogenetic Relationship Between Przewalski's Wild Horse and Domestic Horses*, 1995, Journal of Molecular Evolution, New York, 41:180-188

JANKOVICH, Miklós, *Pferde, Reiter, Völkerstürme*, BLV, München

JACKSON, Jaime, *Learning from Nature's Farrier,* The Paint Horse Journal, 2/1993

KAPITZKE, Gerhard, *Das Pferd von A-Z*, 1989, BLV, München

KAPITZKE, Gerhard, *Südspanien für Pferdefreunde*, 1984, DuMont, Köln

KAPITZKE, Gerhard, *Wildlebende Pferde*, 1973, Parey, Berlin u. Hamburg

LOCH Sylvia, *The Royal Horse of Europe*, J. A. Allen, London

MACFADDEN, Bruce J., *Fossil Horses, Systematics, Paleobiology, and Evolution of the Family Equidae,* Cambridge University Press, 1992, Cambridge

MATHIAS, Jorge, *Portugal e os seus cavalos*, 1980, Edições António Ramos, Lisboa

MOHL, Erna, *Das Urwildpferd, Equus Przewalskii Poljakoff*, 1970, Neue Brehm-Bücherei, Wittenberg Lutherstadt

RYDEN, Hope, *Mustangs, A Return to the Wild*, 1972, Viking Press, New York

SCHÄFER, Michael, *Andalusische Pferde*, 1980, Nymphenburger, München

SCHÄFER, Michael, *Großponys und Kleinpferde*, 1972, Nymphenburger, München

SCHÄFER, Michael, *Wie werde ich Pferdekenner,* 1971, Nymphenburger, München

SCHNEIDER, Eberhard, *Das Schicksal des Ur-Wildpferdes*, Praxis der Naturwissenschaften, Biologie, 4/43, Juni 1994, Aulis Verlag, Köln

SCHNEIDER, Rudolf, *Zur Kenntnis der innerartlichen Ausformung des Schmelzmusters bei Equidenzähnen,* 1966, Zoologischer Anzeiger 176, 71-97

SLATTA, Richard W., *Cowboys of the Americas*, 1990, Yale University Press, New Haven and London

Time-Life Books, *The Indians*, 1973, New York

VOLF, Jirí, *Das Urwildpferd*, Die Neue Brehm-Bücherei, 1996, Spektrum Akademischer Verlag, Heidelberg

ZEUNER, Frederick E., *Geschichte der Haustiere*, 1967, BLV, München